대한민국 법령 시리즈 171

택지개발촉진법

법령
시행령
시행규칙

해광출판사

머리말

이 책은 방대한 법전을 보지 않고 간편하게 해당되는 법령만 참고해서 볼 수 있도록 하였습니다. 공공기관이나 관련 종사자들이 쉽고 간편하게 해당 법령을 참조 할 수 있도록 하였습니다.

특히 해당법률은 물론 관련 시행령, 시행규칙을 함께 실어 관련법을 서로 참고할 수 있게 하였습니다.

법률이라는 것이 크든 작든 항상 변하는 관계로, 출간 이후의 정확하고 최신의 법률은 법제처 국가법령정보센터에서 확인이 가능하니 법률의 실제 적용 시 확인이 필요한 점 유의하기를 바랍니다.

편집부

* 수록 법률은 법제처 국가법령정보센터에서 확인 가능합니다.
* 발행일 기준 시행 법률이므로 최신 법령은 위 센터에서 볼 수 있습니다.
* 본 책자에 수록된 법률의 문구에 대하여 법적인 효력은 없으며,
  실제 적용 법률은 위 센터에서 최신의 법률로 확인하시기 바랍니다.
* 해당 법령과 함께 시행령, 시행규칙도 수록되어 있습니다.
* 발행일 기준으로 개정 예정 법률은 밑줄로 별도 표시되어 있으며,
  보다 정확한 것은 법제처에서 확인하기 바랍니다.

목차

택지개발촉진법

[시행 2025. 10. 1.] [법률 제21065호, 2025. 10. 1., 타법개정]

**개정 예정 법률 밑줄 별도 표시.

택지개발촉진법

[시행 2025. 10. 1.] [법률 제21065호, 2025. 10. 1., 타법개정]

제1조(목적) 이 법은 도시지역의 시급한 주택난(住宅難)을 해소하기 위하여 주택건설에 필요한 택지(宅地)의 취득·개발·공급 및 관리 등에 관하여 특례를 규정함으로써 국민 주거생활의 안정과 복지 향상에 이바지함을 목적으로 한다.

[전문개정 2011. 5. 30.]

제2조(용어의 정의) 이 법에서 사용하는 용어의 뜻은 다음과 같다. 〈개정 2013. 3. 23., 2016. 1. 19.〉

1. "택지"란 이 법에서 정하는 바에 따라 개발·공급되는 주택건설용지 및 공공시설용지를 말한다.

2. "공공시설용지"란 「국토의 계획 및 이용에 관한 법률」 제2조제6호에서 정하는 기반시설과 대통령령으로 정하는 시설을 설치하기 위한 토지를 말한다.

3. "택지개발지구"란 택지개발사업을 시행하기 위하여 「국토의 계획 및 이용에 관한 법률」에 따른 도시지역과 그 주변지역 중 제3조에 따라 국토교통부장관 또는 특별시장·광역시장·도지사·특별자치도지사(이하 "지정권자"라 한다)가 지정·고시하는 지구를 말한다.

4. "택지개발사업"이란 일단(一團)의 토지를 활용하여 주택건설 및

주거생활이 가능한 택지를 조성하는 사업을 말한다.

5. "간선시설"(幹線施設)이란 「주택법」 제2조제17호에서 정하는 시설을 말한다.

[전문개정 2011. 5. 30.]

제3조(택지개발지구의 지정 등) ① 특별시장·광역시장·도지사 또는 특별자치도지사(이하 "시·도지사"라 한다)는 「주거기본법」 제5조에 따른 주거종합계획 중 주택·택지의 수요·공급 및 관리에 관한 사항(이하 "택지수급계획"이라 한다)에서 정하는 바에 따라 택지를 집단적으로 개발하기 위하여 필요한 지역을 택지개발지구로 지정(지정한 택지개발지구를 변경하는 경우를 포함한다. 이하 같다)할 수 있다. 이 경우 택지개발사업이 필요하다고 인정되는 지역이 둘 이상의 특별시·광역시·도 또는 특별자치도(이하 "시·도"라 한다)에 걸치는 경우에는 관계 시·도지사가 협의하여 지정권자를 정한다. 〈개정 2015. 6. 22.〉

② 제1항의 경우 시·도지사(특별자치도지사는 제외한다)는 택지수급계획에서 정한 해당 시·도의 계획량을 초과하여 지정하려면 국토교통부장관과 미리 협의하여야 하고, 지정하려는 택지개발지구의 면적이 대통령령으로 정하는 규모 이상인 경우에는 국토교통부장관의 승인을 받아야 한다. 이 경우 국토교통부장관이 택지개발지구의 지정을 승인하려는 때에는 미리 「주거기본법」 제8조에 따른 주거정책심의위원회의 심의를 거쳐야 한다. 〈개정 2013. 3. 23., 2015. 6. 22.〉

③ 국토교통부장관은 다음 각 호의 어느 하나에 해당하는 경우에

는 제1항에도 불구하고 택지를 집단적으로 개발하기 위하여 필요한 지역을 택지개발지구로 지정할 수 있다. 다만, 특별자치도에 대하여는 그러하지 아니하다. 〈개정 2013. 3. 23.〉

1. 국가가 택지개발사업을 실시할 필요가 있는 경우

2. 관계 중앙행정기관의 장이 요청하는 경우

3. 제7조제1항제2호의 한국토지주택공사가 택지수급계획상 택지 공급을 위하여 대통령령으로 정하는 규모 이상으로 택지개발지구의 지정을 제안하는 경우

4. 제1항 후단에 따른 협의가 성립되지 아니하는 경우

④ 지정권자가 제1항 또는 제3항에 따라 택지개발지구를 지정하려는 경우에는 미리 관계 중앙행정기관의 장(특별자치도지사의 경우에는 관계 행정기관의 장을 말한다)과 협의하고 해당 시장(지정권자가 국토교통부장관인 경우에는 시 · 도지사를 포함한다) · 군수 또는 자치구의 구청장의 의견(특별자치도지사의 경우에는 제외한다)을 들은 후 「주거기본법」 제9조에 따른 시 · 도 주거정책심의위원회(지정권자가 국토교통부장관인 경우에는 「주거기본법」 제8조에 따른 주거정책심의위원회를 말한다)의 심의를 거쳐야 한다. 다만, 대통령령으로 정하는 경미한 사항을 변경하는 경우에는 그러하지 아니하며, 지정권자가 시 · 도지사인 경우로서 국토교통부장관이 제2항에 따라 주거정책심의위원회의 심의를 거친 경우에는 시 · 도 주거정책심의위원회의 심의를 거친 것으로 본다. 〈개정 2013. 3. 23., 2015. 6. 22.〉

⑤ 지정권자는 제1항 또는 제3항에 따른 택지개발지구가 제6항에 따라 고시된 날부터 3년 이내에 제9조에 따라 시행자가 택지개발사

업 실시계획의 작성 또는 승인 신청을 하지 아니하는 경우에는 그 지정을 해제하여야 한다.

⑥ 지정권자가 제1항 및 제3항부터 제5항까지의 규정에 따라 택지개발지구를 지정 또는 해제하였을 때에는 택지개발지구의 명칭, 위치, 지정된 면적 및 제8조에서 규정한 택지개발계획을 관보에 고시하고, 관계 서류의 사본을 시장(지정권자가 국토교통부장관인 경우에는 특별시장과 광역시장을 포함한다. 이하 같다)·군수 또는 자치구의 구청장에게 송부하여야 한다. 이 경우 「토지이용규제 기본법」 제8조제2항에 따른 지형도면의 고시에 관하여는 같은 법 제8조에 따른다. 〈개정 2013. 3. 23., 2018. 6. 12.〉

⑦ 제6항에 따라 관계 서류의 사본을 송부받은 시장·군수 또는 자치구의 구청장은 이를 일반인이 열람할 수 있도록 하여야 한다. 다만, 지정권자가 특별자치도지사인 경우에는 직접 그 내용을 일반인이 열람할 수 있도록 하여야 한다. 〈신설 2018. 6. 12.〉

⑧ 제1항·제3항 또는 제5항에 따른 택지개발지구의 지정 또는 해제가 있은 때에는 「국토의 계획 및 이용에 관한 법률」 제51조에 따른 지구단위계획구역의 지정 또는 해제가 있은 것으로 본다. 〈개정 2011. 4. 14., 2018. 6. 12.〉

[전문개정 2011. 5. 30.]

제3조의2(택지개발지구의 지정 제안) ① 제7조제1항제1호부터 제4호까지의 규정 중 어느 하나에 해당하는 자는 지정권자에게 택지개발지구의 지정을 제안할 수 있다.

② 택지개발지구 지정 제안에 따른 절차, 구비서류, 그 밖에 필요

한 사항은 대통령령으로 정한다.

[전문개정 2011. 5. 30.]

제3조의3(주민 등의 의견청취) ① 지정권자가 제3조에 따라 택지개발지구를 지정하려는 경우에는 대통령령으로 정하는 바에 따라 이를 공고하여 주민 및 관계 전문가 등의 의견을 들어야 한다. 다만, 국방상 기밀 유지가 필요하거나 대통령령으로 정하는 경미한 사항을 변경하는 경우에는 그러하지 아니하다.

② 제1항에 따른 주민 및 관계 전문가의 의견청취에 필요한 사항은 대통령령으로 정한다.

[전문개정 2011. 5. 30.]

제4조(택지개발지구의 기초조사) ① 지정권자가 제3조에 따라 택지개발지구를 지정하려는 경우에는 미리 택지개발지구로 지정할 토지, 건축물, 그 밖에 택지개발지구 지정에 필요한 사항에 관하여 조사하여야 한다.

② 지정권자는 제1항의 경우 필요하다고 인정할 때에는 시장 · 군수 · 자치구의 구청장(특별자치도지사의 경우에는 제외한다) 또는 제7조에 따른 택지개발사업 시행자에게 조사를 명할 수 있다.

③ 제7조제1항제1호부터 제4호까지의 규정 중 어느 하나에 해당하는 자는 제3조의2에 따라 택지개발지구의 지정을 제안하려는 경우에는 제1항에 따른 조사를 할 수 있다.

[전문개정 2011. 5. 30.]

제5조 삭제 〈1982. 12. 31.〉

제6조(행위제한 등) ① 제3조의3에 따라 택지개발지구의 지정에 관

한 주민 등의 의견청취를 위한 공고가 있는 지역 및 택지개발지구에서 건축물의 건축, 공작물의 설치, 토지의 형질변경, 토석(土石)의 채취, 토지분할, 물건을 쌓아놓는 행위 등 대통령령으로 정하는 행위를 하려는 자는 특별자치도지사·시장·군수 또는 자치구의 구청장의 허가를 받아야 한다. 허가받은 사항을 변경하려는 경우에도 또한 같다.

② 다음 각 호의 어느 하나에 해당하는 행위는 제1항에도 불구하고 허가를 받지 아니하고 할 수 있다.

1. 재해 복구 또는 재난 수습에 필요한 응급조치를 위하여 하는 행위

2. 그 밖에 대통령령으로 정하는 행위

③ 제1항에 따라 허가를 받아야 하는 행위로서 택지개발지구의 지정 및 고시 당시 이미 관계 법령에 따라 행위허가를 받았거나 허가를 받을 필요가 없는 행위에 관하여 공사 또는 사업에 착수한 자는 대통령령으로 정하는 바에 따라 특별자치도지사·시장·군수 또는 자치구의 구청장에게 신고한 후 이를 계속 시행할 수 있다.

④ 특별자치도지사·시장·군수 또는 자치구의 구청장은 제1항을 위반한 자에게 원상회복을 명할 수 있다. 이 경우 명령을 받은 자가 그 의무를 이행하지 아니하면 특별자치도지사·시장·군수 또는 자치구의 구청장은 「행정대집행법」에 따라 이를 대집행(代執行)할 수 있다.

⑤ 제1항에 따른 허가에 관하여 이 법에 규정된 것을 제외하고는 「국토의 계획 및 이용에 관한 법률」 제57조부터 제60조까지 및 제62조를 준용한다.

⑥ 제1항에 따라 허가를 받은 경우에는 「국토의 계획 및 이용에 관한 법률」 제56조에 따라 허가를 받은 것으로 본다.

[전문개정 2011. 5. 30.]

제7조(택지개발사업의 시행자 등) ① 택지개발사업은 다음 각 호의 자 중에서 지정권자가 지정하는 자(이하 "시행자"라 한다)가 시행한다. 〈개정 2014. 1. 14., 2016. 1. 19.〉

1. 국가 · 지방자치단체

2. 「한국토지주택공사법」에 따른 한국토지주택공사(이하 "한국토지주택공사"라 한다)

3. 「지방공기업법」에 따른 지방공사

4. 「주택법」 제4조에 따른 등록업자(이하 "주택건설등 사업자"라 한다)로서 지정하려는 택지개발지구의 토지면적 중 대통령령으로 정하는 비율 이상의 토지를 소유하거나 소유권 이전계약을 체결하고 도시지역의 주택난 해소를 위한 공익성 확보 등 대통령령으로 정하는 요건과 절차에 따라 제1호부터 제3호까지에 해당하는 자(이하 "공공시행자"라 한다)와 공동으로 개발사업을 시행하는 자. 이 경우 대통령령으로 정하는 비율은 다음 각 목의 구분에 따른 범위에서 정한다.

가. 공공시행자가 공공주택건설 등 시급한 필요에 따라 주택건설등 사업자에게 공동으로 개발사업의 시행을 요청하는 경우: 100분의 20 이상 100분의 50 미만의 범위

나. 주택건설등 사업자가 토지 취득 또는 사업계획 승인 등의 어려움을 해소하기 위하여 공공시행자에게 공동으로 개발사업의 시

행을 요청하는 경우: 100분의 50 이상 100분의 70 미만의 범위

5. 주택건설등 사업자로서 공공시행자와 협약을 체결하여 공동으로 개발사업을 시행하는 자 또는 공공시행자와 주택건설등 사업자가 공동으로 출자하여 설립한 법인(이하 "공동출자법인"이라 한다). 이 경우 주택건설등 사업자의 투자지분은 100분의 50 미만으로 하며, 공공시행자의 주택건설등 사업자 선정 방법, 협약의 내용 및 주택건설등 사업자의 이윤율 등에 대하여는 대통령령으로 정한다.

② 공공시행자는 택지개발사업을 효율적으로 시행하기 위하여 필요한 경우에는 대통령령으로 정하는 바에 따라 설계·분양 등 택지개발사업의 일부를 주택건설등 사업자로 하여금 대행하게 할 수 있다.

③ 지정권자는 제3조의2에 따른 제안에 의하여 지정된 택지개발지구의 택지개발사업에 대하여는 그 지정을 제안한 자를 우선적으로 시행자로 지정할 수 있다.

[전문개정 2011. 5. 30.]

제8조(택지개발계획의 수립 등) ① 지정권자는 택지개발지구를 지정하려면 다음 각 호의 사항이 포함된 택지개발계획(이하 "개발계획"이라 한다)을 수립하여야 한다.

1. 개발계획의 개요

2. 개발기간

3. 토지이용에 관한 계획 및 주요 기반시설의 설치계획

4. 수용할 토지 등의 소재지, 지번(地番) 및 지목(地目), 면적, 소유권 및 소유권 외의 권리의 명세와 그 소유자 및 권리자의 성명·

주소

5. 그 밖에 대통령령으로 정하는 사항

② 제1항에 따라 개발계획을 수립하는 절차와 그 밖에 필요한 사항은 대통령령으로 정한다.

[전문개정 2011. 5. 30.]

제9조(택지개발사업 실시계획의 작성 및 승인 등) ① 시행자는 대통령령으로 정하는 바에 따라 택지개발사업 실시계획(이하 “실시계획”이라 한다)을 작성하고, 지정권자가 아닌 시행자는 실시계획에 대하여 지정권자의 승인을 받아야 한다. 승인된 실시계획을 변경(대통령령으로 정하는 경미한 사항의 변경은 제외한다)하려는 경우에도 같다.

② 실시계획에는 「국토의 계획 및 이용에 관한 법률」 제52조에 따라 작성된 지구단위계획과 택지의 공급에 관한 계획이 포함되어야 한다. 〈개정 2011. 4. 14.〉

③ 지정권자가 실시계획을 작성하거나 승인하였을 때에는 이를 고시하고, 시행자 및 관할 시장·군수 또는 자치구의 구청장(특별자치도지사의 경우에는 시행자에 한정한다)에게 그 사실을 통지하여야 한다. 〈개정 2020. 6. 9.〉

④ 지정권자가 제12조제1항에 따른 토지등의 수용이 필요한 실시계획을 작성하거나 승인하였을 때에는 시행자의 성명, 사업의 종류 및 수용할 토지 등의 세목(細目)을 관보에 고시하고, 그 토지 등의 소유자 및 권리자에게 이를 통지하여야 한다. 다만, 시행자가 실시계획을 작성하거나 승인 신청을 할 때까지 토지등의 소유자 및 권리자와 미리 협의한 경우에는 그러하지 아니하다.

⑤ 시행자는 택지개발사업을 시행할 때 대통령령으로 정하는 특별한 사유가 있는 경우에는 「도시개발법」에 따른 도시개발사업을 실시할 수 있다.

[전문개정 2011. 5. 30.]

제10조(토지에의 출입 등) ① 시행자는 택지개발지구의 지정, 개발계획 또는 실시계획의 작성을 위한 조사·측량을 하려는 경우와 사업시행을 위하여 필요한 경우에는 다음 각 호의 행위를 할 수 있다.

1. 타인이 점유하는 토지에 출입하는 행위

2. 타인의 토지를 재료를 쌓아 두는 장소 또는 임시 도로로 일시 사용하는 행위

3. 죽목(竹木), 토석, 그 밖의 장애물을 변경하거나 제거하는 행위

② 제3조의2에 따라 택지개발지구의 지정을 제안하는 자는 택지개발지구의 지정 제안을 위한 조사·측량을 하려는 경우와 사업 시행을 위하여 필요한 경우에는 제1항제1호의 행위를 할 수 있다.

③ 제1항의 경우에 관하여는 「국토의 계획 및 이용에 관한 법률」 제130조제2항부터 제9항까지, 같은 법 제131조 및 제144조제1항제2호·제3호를 준용한다. 이 경우 "행정청인 도시계획시설사업 시행자"는 이 법에 따른 "시행자"로 본다.

[전문개정 2011. 5. 30.]

제11조(다른 법률과의 관계) ① 시행자가 실시계획을 작성하거나 승인을 받았을 때에는 다음 각 호의 결정·인가·허가·협의·동의·면허·승인·처분·해제·명령 또는 지정(이하 "인·허가등"이라 한다)을 받은 것으로 보며, 지정권자가 실시계획을 작성하거나 승인한

것을 고시하였을 때에는 관계 법률에 따른 인·허가등의 고시 또는 공고가 있은 것으로 본다. 〈개정 2011. 4. 14., 2014. 1. 14., 2016. 1. 19., 2019. 11. 26., 2022. 12. 27.〉

1. 「국토의 계획 및 이용에 관한 법률」 제30조에 따른 도시·군관리계획의 결정, 같은 법 제56조에 따른 개발행위의 허가, 같은 법 제86조에 따른 도시·군계획시설사업 시행자의 지정, 같은 법 제88조에 따른 실시계획의 인가

2. 「도시개발법」 제17조에 따른 실시계획의 인가

3. 「주택법」 제15조에 따른 사업계획의 승인

4. 「수도법」 제17조 및 제49조에 따른 일반수도사업과 공업용수도사업의 인가, 같은 법 제52조 및 제54조에 따른 전용수도설치의 인가

5. 「하수도법」 제16조에 따른 공공하수도공사 시행의 허가

6. 「공유수면 관리 및 매립에 관한 법률」 제8조에 따른 공유수면의 점용·사용허가, 같은 법 제28조에 따른 공유수면의 매립면허, 같은 법 제35조에 따른 국가 등이 시행하는 매립의 협의 또는 승인 및 같은 법 제38조에 따른 공유수면매립실시계획의 승인

7. 「하천법」 제30조에 따른 하천공사 시행의 허가 및 하천공사실시계획의 인가, 같은 법 제33조에 따른 하천의 점용허가 및 같은 법 제50조에 따른 하천수의 사용허가

8. 「도로법」 제36조에 따른 도로공사 시행의 허가, 같은 법 제61조에 따른 도로점용의 허가

9. 「농지법」 제34조에 따른 농지전용(農地轉用)의 허가·협의, 같

은 법 제35조에 따른 농지의 전용신고, 같은 법 제36조에 따른 농지의 타용도 일시 사용 허가·협의, 같은 법 제40조에 따른 용도변경의 승인

10. 「산지관리법」 제14조·제15조에 따른 산지전용허가 및 산지전용신고, 같은 법 제15조의2에 따른 산지일시사용허가·신고, 「산림자원의 조성 및 관리에 관한 법률」 제36조제1항·제5항에 따른 입목벌채등의 허가·신고 및 「산림보호법」 제9조제1항 및 제2항제1호·제2호에 따른 산림보호구역(산림유전자원보호구역은 제외한다)에서의 행위의 허가·신고

11. 「초지법」 제23조에 따른 초지전용의 허가

12. 「사방사업법」 제14조에 따른 벌채 등의 허가, 같은 법 제20조에 따른 사방지(砂防地) 지정의 해제

13. 「산업입지 및 개발에 관한 법률」 제16조에 따른 산업단지개발사업 시행자의 지정, 같은 법 제17조 및 제18조에 따른 산업단지개발실시계획의 승인

14. 「광업법」 제24조에 따른 불허가처분, 같은 법 제34조에 따른 광구감소처분 또는 광업권취소처분

15. 「건축법」 제20조에 따른 가설건축물의 허가·신고

16. 「국유재산법」 제30조에 따른 행정재산의 사용허가

17. 「공유재산 및 물품 관리법」 제20조제1항에 따른 행정재산의 사용·수익허가

18. 「장사 등에 관한 법률」 제27조에 따른 무연분묘의 개장허가

19. 「소하천정비법」 제10조에 따른 비관리청의 공사 시행허가,

같은 법 제14조에 따른 소하천의 점용허가

20. 「공간정보의 구축 및 관리 등에 관한 법률」 제86조제1항에 따른 사업의 착수·변경 또는 완료의 신고

② 지정권자가 실시계획을 작성하거나 승인하려는 경우 그 계획에 제1항 각 호의 어느 하나에 해당하는 사항이 포함되어 있을 때에는 관계 기관의 장과 협의하여야 한다. 이 경우 관계 기관의 장은 지정권자의 협의 요청을 받은 날부터 대통령령으로 정하는 기간 내에 의견을 제출하여야 한다.

③ 제1항에 따라 다른 법률에 따른 인·허가등을 받은 것으로 보는 경우에는 관계 법률에 따라 부과되는 면허에 대한 등록면허세, 수수료 또는 사용료 등을 면제한다.

[전문개정 2011. 5. 30.]

제12조(토지수용) ① 시행자(제7조제1항제4호 및 제5호에 따라 공동으로 사업을 시행하는 경우에는 공공시행자와 공동출자법인을 말한다)는 택지개발지구에서 택지개발사업을 시행하기 위하여 필요할 때에는 「공익사업을 위한 토지 등의 취득 및 보상에 관한 법률」 제3조에서 정하는 토지·물건 또는 권리(이하 "토지등"이라 한다)를 수용하거나 사용(이하 "수용"이라 한다)할 수 있다.

② 제3조에 따른 택지개발지구의 지정·고시가 있은 때에는 「공익사업을 위한 토지 등의 취득 및 보상에 관한 법률」 제20조제1항 및 제22조에 따른 사업인정 및 사업인정의 고시가 있은 것으로 보며, 재결(裁決)의 신청은 같은 법 제23조제1항 및 제28조제1항에도 불구하고 실시계획에서 정하는 사업시행기간에 하여야 한다.

③ 제1항에 따른 토지등의 수용에 관한 재결의 관할 토지수용위원회는 중앙토지수용위원회로 한다.

④ 제1항에 따른 토지등의 수용에 관하여는 이 법에 특별한 규정이 있는 경우를 제외하고는 「공익사업을 위한 토지 등의 취득 및 보상에 관한 법률」을 준용한다.

⑤ 제7조제1항제4호에 따라 공동으로 사업을 시행하는 경우로서 공공시행자가 토지등을 수용한 경우에는 택지개발지구의 전체 토지면적에서 수용한 토지의 면적에 해당하는 지분의 토지를 포함하여 100분의 30 이상 100분의 80 미만의 범위에서 대통령령으로 정하는 비율 이상의 토지는 해당 토지를 수용한 공공시행자가 택지로 활용하여야 한다.

[전문개정 2011. 5. 30.]

제12조의2(건축물의 존치 등) ① 시행자는 택지개발지구에 있는 기존의 건축물이나 그 밖의 시설을 이전하거나 철거하지 아니하여도 택지개발사업에 지장이 없다고 인정하여 대통령령으로 정하는 요건을 충족하는 경우에는 이를 존치하게 할 수 있다.

② 시행자는 제1항에 따라 존치하게 된 시설물의 소유자에게 도로, 공원, 상하수도, 그 밖에 대통령령으로 정하는 공공시설의 설치 등에 필요한 비용의 일부를 내게 할 수 있다.

③ 제2항에 따른 비용 부담의 기준·방법 등에 관하여 필요한 사항은 대통령령으로 정한다.

[전문개정 2011. 5. 30.]

제13조(환매권) ① 택지개발지구의 지정 해제 또는 변경, 실시계획

의 승인 취소 또는 변경, 그 밖의 사유로 수용한 토지등의 전부 또는 일부가 필요 없게 되었을 때에는 수용 당시의 토지등의 소유자 또는 그 포괄승계인[이하 "환매권자"(還買權者)라 한다]은 필요 없게 된 날부터 1년 이내에 토지등의 수용 당시 받은 보상금에 대통령령으로 정한 금액을 가산하여 시행자에게 지급하고 이를 환매할 수 있다.

② 환매권자는 환매로써 제3자에게 대항할 수 있다.

③ 환매권자의 권리의 소멸에 관하여는 「공익사업을 위한 토지 등의 취득 및 보상에 관한 법률」 제92조를 준용한다.

[전문개정 2011. 5. 30.]

제14조(간선시설의 설치) 간선시설의 설치에 관하여는 「주택법」 제28조를 준용한다. 〈개정 2016. 1. 19.〉

[전문개정 2011. 5. 30.]

제15조 삭제 〈1999. 12. 28.〉

제16조(준공검사) ① 시행자는 택지개발사업을 완료하였을 때에는 지체 없이 대통령령으로 정하는 바에 따라 지정권자로부터 준공검사를 받아야 한다.

② 시행자가 제1항에 따라 준공검사를 받았을 때에는 인·허가등에 따른 해당 사업의 준공검사 또는 준공인가를 받은 것으로 본다.

③ 특별시장·광역시장·특별자치도지사·시장 또는 군수는 택지개발사업이 준공된 지구에 대하여 제9조제3항에 따라 이미 고시된 실시계획에 포함된 지구단위계획으로 관리하여야 한다. 〈개정 2011. 4. 14.〉

[전문개정 2011. 5. 30.]

제17조(토지매수 업무 등의 위탁) ① 지방자치단체가 아닌 시행자는 택지개발사업을 위한 토지매수 업무와 손실보상 업무를 대통령령으로 정하는 바에 따라 관할 시·도지사 또는 시장·군수에게 위탁할 수 있다.

② 시행자가 제1항에 따라 토지매수 업무와 손실보상 업무를 위탁할 때에는 토지매수 금액과 손실보상 금액의 100분의 3의 범위에서 대통령령으로 정하는 요율의 위탁수수료를 지급하여야 한다.

[전문개정 2011. 5. 30.]

제18조(택지의 공급) ① 택지를 공급하려는 자는 실시계획에서 정한 바에 따라 택지를 공급하여야 한다.

② 제1항에 따라 공급하는 택지의 용도, 공급의 절차·방법 및 대상자, 그 밖에 공급조건에 관한 사항은 대통령령으로 정한다.

③ 시행자는 「주택법」 제2조제5호의 국민주택 중 「주택도시기금법」에 따른 주택도시기금으로부터 자금을 지원받는 국민주택의 건설용지로 사용할 택지를 공급할 때 그 가격을 택지조성원가 이하로 할 수 있다. 〈개정 2016. 1. 19.〉

[전문개정 2011. 5. 30.]

제18조의2(택지조성원가의 공개) ① 제18조에 따라 택지를 공급하려는 자는 국토교통부령으로 정하는 기준에 따라 택지조성원가를 공시하여야 한다. 이 경우 택지조성원가는 다음 각 호의 항목으로 구성된다. 〈개정 2013. 3. 23.〉

1. 용지비

2. 조성비

3. 직접인건비

4. 이주대책비

5. 판매비

6. 일반관리비

7. 그 밖에 국토교통부령으로 정하는 비용

② 제1항에 따른 택지조성원가의 산정방법과 그 밖에 필요한 사항은 국토교통부령으로 정한다. 〈개정 2013. 3. 23.〉

[전문개정 2011. 5. 30.]

제19조(택지의 용도) 택지를 공급받은 자(국가, 지방자치단체 및 한국토지주택공사는 제외한다) 또는 그로부터 그 택지를 취득한 자는 실시계획에서 정한 용도에 따라 주택 등을 건설하여야 한다.

[전문개정 2011. 5. 30.]

제19조의2(택지의 전매행위 제한 등) ① 이 법에 따라 조성된 택지에 대한 공급계약을 체결한 자(이하 "공급받은 자"라 한다)는 소유권이전등기를 하기 전까지는 그 택지를 공급받은 용도대로 사용하지 아니한 채 그대로 전매(轉賣)(명의변경, 매매 또는 그 밖에 권리의 변동을 수반하는 모든 행위를 포함하되, 상속의 경우는 제외한다. 이하 같다)할 수 없고, 누구든지 그 택지를 전매받아서도 아니 된다. 다만, 이주대책용으로 공급하는 주택건설용지 등 대통령령으로 정하는 경우에는 본문을 적용하지 아니할 수 있다.

② 조성된 택지의 공급대상자로 선정된 자(이하 "공급대상자"라 한다)는 해당 택지를 공급받을 수 있는 권리 · 자격 · 지위 등을 전매

할 수 없고, 누구든지 이를 전매받아서도 아니 된다.

③ 공급받은 자가 제1항을 위반하여 택지를 전매한 경우 해당 법률행위는 무효로 하며, 택지개발사업의 시행자(당초의 택지공급자를 말한다)는 이미 체결된 택지의 공급계약을 취소한다. 이 경우 택지개발사업의 시행자는 공급받은 자가 지급한 금액 중 해당 택지 공급계약에서 정한 계약보증금을 제외한 금액 및 이에 대한 이자(「은행법」에 따른 은행의 1년 만기 정기예금 평균이자율을 적용한 이자를 말한다)를 합산한 금액을 지체 없이 지급하여야 한다.

④ 공급대상자가 제2항을 위반하여 택지를 공급받을 수 있는 권리·자격·지위 등을 전매한 경우 해당 법률행위와 택지를 공급받을 수 있는 권리·자격·지위 등은 무효로 한다.

[전문개정 2021. 1. 5.]

제20조(선수금 등) ① 시행자는 택지를 공급받을 자로부터 그 대금의 전부 또는 일부를 미리 받을 수 있다.

② 시행자는 택지를 공급받을 자에게 택지로 상환하는 채권(이하 "토지상환채권"이라 한다)을 발행할 수 있다.

③ 토지상환채권의 발행 절차·방법 및 조건 등에 관하여는 「국채법」, 「지방재정법」, 「한국토지주택공사법」, 그 밖의 법률에서 정하는 바에 따른다.

④ 제1항 또는 제2항에 따라 선수금을 받거나 토지상환채권을 발행하려는 시행자(지정권자가 시행자인 경우는 제외한다)는 지정권자의 승인을 받아야 한다.

[전문개정 2011. 5. 30.]

제21조(서류의 열람 및 송달) ① 시행자가 택지개발사업을 시행할 때 필요한 경우에는 등기소 또는 그 밖의 관계 행정기관의 장에게 무료로 필요한 서류의 열람·등사나 그 등본 또는 초본의 발급을 청구할 수 있다.

② 시행자는 이해관계인의 주소 또는 거소(居所)가 불분명하거나 서류를 송달할 수 없는 부득이한 사유가 있는 경우에는 대통령령으로 정하는 바에 따라 그 서류의 송달을 갈음하여 이를 공시할 수 있다.

[전문개정 2011. 5. 30.]

제22조(자료 제공의 요청) ① 시행자는 관계 행정기관의 장이나 관계인에게 택지개발사업을 시행하기 위하여 필요하다고 인정하는 자료의 제공을 요청할 수 있다.

② 제1항에 따라 자료 제공을 요청받은 자는 정당한 사유가 없으면 요청에 따라야 한다.

[전문개정 2011. 5. 30.]

제22조의2(택지정보체계의 구축·운영) ① 국토교통부장관은 택지개발업무의 효율적인 지원과 택지정보의 체계적인 관리를 위하여 택지정보체계를 구축하여 운영할 수 있다. 〈개정 2013. 3. 23.〉

② 국토교통부장관은 「주택법」 제2조제24호에 따른 공공택지에 대한 개발사업의 경우 관계 중앙행정기관의 장, 시·도지사 또는 시행자에게 택지정보체계의 구축과 운영에 필요한 자료 또는 정보의 제공을 요청할 수 있다. 이 경우 요청을 받은 기관의 장은 특별한 사유가 없으면 요청에 따라야 한다. 〈개정 2013. 3. 23., 2016. 1. 19.〉

③ 국토교통부장관은 제1항에 따른 택지정보체계의 구축·운영에 관한 업무를 대통령령으로 정하는 법인, 단체 또는 기관에 위탁할 수 있다. 이 경우 위탁관리에 드는 경비의 전부 또는 일부를 지원할 수 있다. 〈개정 2013. 3. 23.〉

④ 택지정보체계의 구축 및 운영에 필요한 사항은 대통령령으로 정한다.

[본조신설 2011. 5. 30.]

제23조(감독) ① 지정권자는 시행자가 다음 각 호의 어느 하나에 해당하면 이 법에 따른 지정 또는 승인을 취소하거나 공사의 중지 또는 인공 구조물의 개축(改築)이나 이전 등을 명할 수 있다.

1. 제8조·제9조·제18조·제20조 또는 이 조에 따른 명령이나 처분을 위반한 경우

2. 속임수 또는 부정한 방법으로 이 법에 따른 지정이나 승인을 받은 경우

3. 택지개발사업을 시행할 필요가 없거나 계속 시행하는 것이 불가능하다고 인정되는 경우

4. 시행자가 실시계획에서 정한 사업시행기간에 공사에 착수하지 아니하거나 공사를 완료하지 못한 경우

② 지정권자는 제1항에 따른 처분 등을 하였을 때에는 대통령령으로 정하는 바에 따라 이를 고시하여야 한다.

[전문개정 2011. 5. 30.]

제23조의2(청문) 지정권자는 제23조제1항에 따라 이 법에 따른 지정 또는 승인을 취소하려면 청문을 하여야 한다.

[전문개정 2011. 5. 30.]

제24조(보고 및 조사 등) ① 지정권자는 대통령령으로 정하는 경우에는 시행자(지정권자가 시행자인 경우는 제외한다)로 하여금 택지개발사업에 관한 자료를 제출하게 하거나 보고를 하게 할 수 있다.

② 제1항에 따른 제출 자료 및 보고 내용을 검토한 결과 조사목적을 달성하기 어렵다고 인정되는 경우에는 관계 공무원으로 하여금 해당 사업장 등에 출입하여 조사하게 할 수 있다.

③ 제2항에 따른 조사를 하는 경우에는 조사 7일 전까지 조사 일시, 조사 이유 및 조사 내용 등의 조사계획을 시행자에게 통지하여야 한다. 다만, 긴급한 경우이거나 사전에 알리면 증거인멸 등으로 조사목적을 달성할 수 없다고 인정되는 경우에는 그러하지 아니하다.

④ 제2항에 따라 택지개발사업에 관한 업무를 검사하는 공무원은 그 권한을 표시하는 증표를 관계인에게 보여주어야 하며, 출입할 때에는 성명·출입시간·출입목적 등이 표시된 문서를 관계인에게 내주어야 한다.

⑤ 제4항에 따른 증표에 관하여 필요한 사항은 국토교통부령으로 정한다. 〈개정 2013. 3. 23.〉

[전문개정 2011. 5. 30.]

제25조(공공시설 등의 귀속) ① 시행자가 택지개발사업의 시행으로 새로 공공시설(주차장, 운동장 등 대통령령으로 정하는 시설은 제외한다. 이하 이 조에서 같다)을 설치하거나 기존의 공공시설에 대체되는 시설을 설치한 경우 그 공공시설의 귀속에 관하여는 「국토의 계획 및 이용에 관한 법률」 제65조 및 제99조를 준용한다. 이 경우

같은 법 제65조제1항 및 제5항 중 "행정청"은 이 법에 따른 "시행자"로 본다.

② 제1항에 따른 공공시설과 재산의 등기를 할 때에는 실시계획서 또는 그 승인서와 준공검사서로 「부동산등기법」상의 등기원인을 증명하는 서면을 갈음할 수 있다.

③ 제1항에 따라 「국토의 계획 및 이용에 관한 법률」을 준용할 때 관리청이 불분명한 재산 중 도로·도랑 등에 대하여는 국토교통부장관을, 하천에 대하여는 기후에너지환경부장관을, 그 외의 재산에 대하여는 기획재정부장관을 관리청으로 본다. 〈개정 2020. 12. 31., 2025. 10. 1.〉

[전문개정 2011. 5. 30.]

제25조(공공시설 등의 귀속) ① 시행자가 택지개발사업의 시행으로 새로 공공시설(주차장, 운동장 등 대통령령으로 정하는 시설은 제외한다. 이하 이 조에서 같다)을 설치하거나 기존의 공공시설에 대체되는 시설을 설치한 경우 그 공공시설의 귀속에 관하여는 「국토의 계획 및 이용에 관한 법률」 제65조 및 제99조를 준용한다. 이 경우 같은 법 제65조제1항 및 제5항 중 "행정청"은 이 법에 따른 "시행자"로 본다.

② 제1항에 따른 공공시설과 재산의 등기를 할 때에는 실시계획서 또는 그 승인서와 준공검사서로 「부동산등기법」상의 등기원인을 증명하는 서면을 갈음할 수 있다.

③ 제1항에 따라 「국토의 계획 및 이용에 관한 법률」을 준용할 때 관리청이 불분명한 재산 중 도로·도랑 등에 대하여는 국토교통

부장관을, 하천에 대하여는 기후에너지환경부장관을, 그 외의 재산에 대하여는 재정경제부장관을 관리청으로 본다. 〈개정 2020. 12. 31., 2025. 10. 1.〉

[전문개정 2011. 5. 30.]

[시행일: 2026. 1. 2.] 제25조제3항

제26조(국유지·공유지의 처분 제한 등) ① 택지개발지구에 있는 국가 또는 지방자치단체 소유의 토지로서 택지개발사업에 필요한 토지는 해당 택지개발사업 외의 목적으로는 처분할 수 없다.

② 택지개발지구에 있는 국가 또는 지방자치단체 소유의 재산은 「국유재산법」 및 「공유재산 및 물품 관리법」에도 불구하고 시행자에게 수의계약으로 양도할 수 있다. 이 경우 그 재산의 용도폐지 및 양도에 관하여는 국토교통부장관이 미리 관계 행정기관의 장과 협의하여야 한다. 〈개정 2013. 3. 23.〉

③ 제2항 후단에 따라 협의를 요청받은 관계 행정기관의 장은 그 요청을 받은 날부터 60일 이내에 용도폐지 및 양도, 그 밖에 필요한 조치를 하여야 한다.

④ 제2항에 따라 시행자에게 양도하려는 재산 중 관리청을 알 수 없는 국유재산에 관하여는 다른 법령에도 불구하고 기획재정부장관이 관리 또는 처분한다.

[전문개정 2011. 5. 30.]

제26조(국유지·공유지의 처분 제한 등) ① 택지개발지구에 있는 국가 또는 지방자치단체 소유의 토지로서 택지개발사업에 필요한 토지는 해당 택지개발사업 외의 목적으로는 처분할 수 없다.

② 택지개발지구에 있는 국가 또는 지방자치단체 소유의 재산은 「국유재산법」 및 「공유재산 및 물품 관리법」에도 불구하고 시행자에게 수의계약으로 양도할 수 있다. 이 경우 그 재산의 용도폐지 및 양도에 관하여는 국토교통부장관이 미리 관계 행정기관의 장과 협의하여야 한다. 〈개정 2013. 3. 23.〉

③ 제2항 후단에 따라 협의를 요청받은 관계 행정기관의 장은 그 요청을 받은 날부터 60일 이내에 용도폐지 및 양도, 그 밖에 필요한 조치를 하여야 한다.

④ 제2항에 따라 시행자에게 양도하려는 재산 중 관리청을 알 수 없는 국유재산에 관하여는 다른 법령에도 불구하고 재정경제부장관이 관리 또는 처분한다. 〈개정 2025. 10. 1.〉

[전문개정 2011. 5. 30.]

[시행일: 2026. 1. 2.] 제26조제4항

제27조(행정심판) 이 법에 따라 시행자가 한 처분에 대하여 이의가 있을 때에는 그 처분이 있은 것을 안 날부터 1개월 이내, 처분이 있은 날부터 3개월 이내에 지정권자에게 행정심판을 제기할 수 있다.

[전문개정 2011. 5. 30.]

제28조(자금의 지원) 국가 또는 지방자치단체는 시행자에게 그 소요자금의 전부 또는 일부를 보조하거나 융자할 수 있다.

[전문개정 2011. 5. 30.]

제29조 삭제 〈1999. 1. 25.〉

제30조(권한의 위임 및 위탁) ① 이 법에 따른 지정권자의 권한은 대통령령으로 정하는 바에 따라 그 일부를 시·도지사 또는 국토교

통부 지방국토관리청장에게 위임할 수 있다. 〈개정 2013. 3. 23.〉

② 이 법에 따른 지정권자의 권한 중 다음 각 호의 권한은 대통령령으로 정하는 바에 따라 시행자에게 위탁할 수 있다.

1. 제9조제4항 본문에 따른 시행자의 성명, 사업의 종류 및 수용할 토지등의 세목을 그 토지등의 소유자 및 권리자에게 통지하는 권한

2. 제12조제2항에 따라 「공익사업을 위한 토지 등의 취득 및 보상에 관한 법률」 제20조제1항의 사업인정으로 보게 되는 경우 이를 토지소유자 및 관계인에게 통지하는 권한

3. 제16조제1항에 따른 준공검사에 관한 권한(시행자가 공공시행자인 경우로 한정한다)

[전문개정 2011. 5. 30.]

제30조의2(택지개발지구 밖의 사업에 대한 준용) 택지개발지구의 인근 지역에서 택지개발지구의 이용에 제공되는 기반시설을 설치하는 등 택지개발사업과 직접 관련되는 사업의 시행에 필요한 경우에는 해당 사업에 대하여 제3조, 제3조의2, 제3조의3, 제4조, 제6조부터 제12조까지, 제12조의2, 제13조, 제14조, 제16조, 제17조, 제21조, 제22조 및 제23조, 제23조의2, 제24조부터 제28조까지 및 제30조를 준용한다. 〈개정 2011. 5. 30.〉

[본조신설 2009. 12. 29.]

[제목개정 2011. 5. 30.]

제31조 삭제 〈2009. 4. 1.〉

제31조의2(벌칙) 다음 각 호의 어느 하나에 해당하는 자는 3년 이

하의 징역 또는 1억원 이하의 벌금에 처한다.

1. 제19조의2제1항 또는 제2항을 위반하여 택지 또는 택지를 공급받을 수 있는 권리·자격·지위 등을 전매한 자

2. 전매가 금지됨을 알면서 제19조의2제1항 또는 제2항을 위반하여 택지 또는 택지를 공급받을 수 있는 권리·자격·지위 등을 전매받은 자

[전문개정 2021. 1. 5.]

제32조(벌칙) 다음 각 호의 어느 하나에 해당하는 자는 1년 이하의 징역 또는 1천만원 이하의 벌금에 처한다.

1. 제6조제1항에 따른 허가 또는 변경허가를 받지 아니하고 같은 항에 규정된 행위를 한 자

2. 제23조제1항에 따라 행정청이 행하는 처분 또는 명령을 위반한 자

[전문개정 2015. 1. 20.]

제33조 삭제 〈2015. 1. 20.〉

제34조(양벌규정) 법인의 대표자나 법인 또는 개인의 대리인, 사용인, 그 밖의 종업원이 그 법인 또는 개인의 업무에 관하여 제31조의2 또는 제32조의 어느 하나에 해당하는 위반행위를 하면 그 행위자를 벌하는 외에 그 법인 또는 개인에게도 해당 조문의 벌금형을 과(科)한다. 다만, 법인 또는 개인이 그 위반행위를 방지하기 위하여 해당 업무에 관하여 상당한 주의와 감독을 게을리하지 아니한 경우에는 그러하지 아니하다. 〈개정 2015. 1. 20.〉

[전문개정 2009. 4. 1.]

제35조(과태료) ① 다음 각 호의 어느 하나에 해당하는 자에게는 1천만원 이하의 과태료를 부과한다.

1. 제10조제1항 및 제2항에 따른 토지에의 출입 등을 방해한 자

2. 제24조제1항에 따른 자료 제출 또는 보고를 거짓으로 하거나 같은 조 제2항에 따른 조사를 거부·기피 또는 방해한 자

② 제1항에 따른 과태료는 대통령령으로 정하는 바에 따라 해당 택지개발지구의 지정에 관한 권한을 가진 자가 국토교통부장관인 경우에는 국토교통부장관이, 시·도지사인 경우에는 시·도지사가 부과·징수한다. 〈개정 2013. 3. 23.〉

[전문개정 2011. 5. 30.]

부칙 〈제21065호, 2025. 10. 1.〉 (정부조직법)

제1조(시행일) 이 법은 공포한 날부터 시행한다. 다만, 부칙 제7조에 따라 개정되는 법률 중 이 법 시행 전에 공포되었으나 시행일이 도래하지 아니한 법률을 개정한 부분은 각각 해당 법률의 시행일부터 시행하고, 다음 각 호의 개정규정은 해당 호에서 정하는 날부터 시행한다.

1. 다음 각 목의 개정규정은 2026년 1월 2일부터 시행한다. 다만, 부칙 제7조에 따라 개정되는 법률(가목 및 나목의 개정규정과 관련되는 부분으로 한정한다) 중 본문에 따른 시행일 전에 공포되었으나 본문에 따른 시행일이 도래하지 아니한 법률을 개정한 부분은 각각 해당 법률의 시행일부터 시행한다.

가. 제19조제4항, 제23조, 제29조제1항제1호 및 제30조의 개

정규정

나. 제12조제2항, 제19조제3항, 제22조 및 제29조제2항 단서의 개정규정(재정경제부장관 및 재정경제부에 관한 부분으로 한정한다)

다. 부칙 제7조에 따라 개정되는 법률(가목 및 나목의 개정규정과 관련되는 부분으로 한정한다)

2. 생략

제2조 부터 제6조까지 생략

제7조(다른 법률의 개정) ①부터 〈493〉까지 생략

〈494〉 택지개발촉진법 일부를 다음과 같이 개정한다.

제25조제3항 및 제26조제4항 중 "기획재정부장관"을 각각 "재정경제부장관"으로 한다.

제25조제3항 중 "환경부장관"을 "기후에너지환경부장관"으로 한다.

〈495〉부터 〈626〉까지 생략

제8조 생략

택지개발촉진법 시행령

[시행 2025. 10. 1.] [대통령령 제35811호, 2025. 10. 1., 타법개정]

제16조(감독)
제17조(택지정보체계 운영업무의 위탁)
제17조의2(택지정보체계의 구축 및 운영)
제18조(권한의 위탁)
제18조의2(규제의 재검토)
제19조(과태료의 부과기준)

**개정 예정 법률 밑줄 별도 표시.

택지개발촉진법 시행령

[시행 2025. 10. 1.] [대통령령 제35811호, 2025. 10. 1., 타법개정]

제1조(목적) 이 영은 「택지개발촉진법」의 시행에 필요한 사항을 규정함을 목적으로 한다.

[전문개정 2013. 12. 4.]

제2조(공공시설의 범위) 「택지개발촉진법」(이하 "법"이라 한다) 제2조제2호에서 "대통령령으로 정하는 시설"이란 다음 각 호의 시설을 말한다. 〈개정 2015. 11. 11., 2020. 12. 8., 2024. 7. 2.〉

1. 어린이놀이터, 노인정, 집회소(마을회관을 포함한다), 그 밖에 주거생활의 편익을 위하여 이용되는 시설로서 국토교통부령으로 정하는 시설

2. 삭제 〈2015. 11. 11.〉

3. 지역의 자족기능 확보를 위하여 필요한 다음 각 목의 시설

가. 판매시설, 업무시설, 의료시설, 유통시설, 그 밖에 거주자의 생활복리를 위하여 제3조의2에 따른 지정권자가 필요하다고 인정하는 시설

나. 지역의 발전 및 고용창출을 위한 다음의 시설

1) 「벤처기업육성에 관한 특별법」 제2조제4항에 따른 벤처기업집적시설

2) 「산업집적활성화 및 공장설립에 관한 법률」 제28조에 따른 도시형공장

3) 「소프트웨어 진흥법」 제11조에 따른 소프트웨어진흥시설

4) 1)부터 3)까지의 시설과 유사한 시설로서 국토교통부령으로 정하는 시설

다. 「관광진흥법」 제3조제1항제2호가목에 따른 호텔업 시설

라. 「건축법 시행령」 별표 1에 따른 문화 및 집회시설

마. 「건축법 시행령」 별표 1에 따른 교육연구시설

바. 원예시설 등 농업 관련 시설로서 국토교통부령으로 정하는 시설

사. 그 밖에 지역의 자족기능 확보를 위하여 필요한 시설로서 국토교통부령으로 정하는 시설

4. 공공시설 등의 관리시설

[전문개정 2013. 12. 4.]

제2조의2(택지개발지구의 지정 등) ① 법 제3조제2항 전단에서 "대통령령으로 정하는 규모"란 330만제곱미터를 말한다.

② 법 제3조제3항제3호에서 "대통령령으로 정하는 규모"란 100만제곱미터를 말한다.

[전문개정 2013. 12. 4.]

제3조(경미한 사항의 변경) 법 제3조제4항 단서에서 "대통령령으로 정하는 경미한 사항을 변경하는 경우"란 다음 각 호의 어느 하나에 해당하는 경우를 말한다. 다만, 제2호의 경우로서 택지개발지구의 면적을 확대하려는 지역이 「농어촌정비법」 제13조에 따라 개간 대

상 지역으로 결정·고시된 지역, 「군사기지 및 군사시설 보호법」 제4조에 따라 지정된 군사기지 및 군사시설 보호구역이거나 그 확대하려는 지역에 농지가 새로 포함될 때에는 미리 관계 중앙행정기관의 장(특별자치도의 경우에는 관계 행정기관의 장을 말한다. 이하 같다)과 협의하여야 한다.

1. 택지개발지구 면적의 축소
2. 택지개발지구 면적의 100분의 10 범위에서의 확대

[전문개정 2013. 12. 4.]

제3조의2(택지개발지구 지정의 협의 등) 법 제3조제4항에 따라 국토교통부장관 또는 특별시장·광역시장·도지사·특별자치도지사(이하 "지정권자"라 한다)로부터 택지개발지구의 지정에 관한 협의나 의견의 요청을 받은 관계 중앙행정기관의 장 또는 지방자치단체의 장은 그 요청을 받은 날부터 30일 이내에 의견을 제시하여야 한다.

[전문개정 2013. 12. 4.]

제4조 삭제 〈2007. 7. 30.〉

제4조의2(택지개발지구의 지정 제안) ① 법 제7조제1항제1호부터 제4호까지의 규정 중 어느 하나에 해당하는 자가 법 제3조의2에 따라 지정권자에게 택지개발지구의 지정을 제안하려는 경우에는 그 제안서에 다음 각 호의 서류 및 도면을 첨부하여 지정권자에게 제출하여야 한다.

1. 법 제4조에 따른 택지개발지구에 관한 조사서
2. 축척 2만5천분의 1의 위치도
3. 택지개발지구의 구역경계와 그 결정사유를 표시한 축척 5천분

의 1의 지형도

4. 도시의 현황을 기재한 서류

5. 편입농지 및 임야 현황에 관한 조사자료

6. 현황사진

7. 택지개발지구 주변의 광역교통체계 관련 자료(국토교통부령으로 정하는 면적 이상의 택지개발지구로 한정한다)

8. 환경성 검토에 필요한 자료로서 국토교통부령으로 정하는 자료

② 제1항에 따라 제안서를 제출받은 지정권자는 「전자정부법」 제36조제1항에 따른 행정정보의 공동이용을 통하여 지적도 및 임야도를 확인하여야 한다.

③ 「주택법」 제4조에 따른 등록업자(이하 "주택건설등 사업자"라 한다)와 법 제7조제1항제1호부터 제3호까지의 자(이하 "공공시행자"라 한다)가 법 제7조제1항제4호에 따라 공동으로 택지개발사업을 시행하려는 경우에는 공동으로 택지개발지구의 지정을 제안하여야 한다. 〈개정 2016. 8. 11.〉

④ 법 제3조의2에 따라 지정을 제안하는 택지개발지구의 면적은 10만제곱미터 이상이어야 한다. 다만, 제3항에 따라 공동으로 택지개발지구의 지정을 제안하는 자는 다음 각 호의 어느 하나에 해당하는 경우에 택지개발지구의 지정을 제안할 수 있다. 〈개정 2014. 4. 29., 2015. 12. 22.〉

1. 「국토의 계획 및 이용에 관한 법률」 제36조제1항제1호에 따른 도시지역(이하 "도시지역"이라 한다)으로서 택지개발지구의 면적이 1만제곱미터 이상인 경우. 다만, 택지개발지구의 면적이 3만제곱미

터 미만인 경우에는 공공시행자의 지분에 해당하는 주택건설용지에 도시지역의 주택난 해소를 위하여 「공공주택건설 등에 관한 특별법」 제2조제1호에 따른 공공주택(이하 "공공주택"이라 한다) 건설 등이 시급하게 필요한 경우로 한정한다.

2. 도시지역 외의 지역으로서 택지개발지구의 면적이 3만제곱미터 이상인 경우

3. 공공시행자가 공공주택 건설 등을 위하여 특별히 필요하다고 인정하여 「주거기본법」 제8조에 따른 주거정책심의위원회의 심의를 거친 경우

⑤ 제1항 및 제3항에 따라 택지개발지구의 지정을 제안하려는 자는 지정 제안을 위한 조사 및 협의 과정에서 관련 정보가 누설되지 아니하도록 보안관리대책을 수립·시행하여야 한다.

[전문개정 2013. 12. 4.]

제5조(주민 등의 의견청취) ① 지정권자(특별자치도지사는 제외한다. 이하 이 조에서 같다)는 법 제3조의3에 따라 택지개발지구의 지정에 관하여 주민 및 관계 전문가 등의 의견을 들으려는 경우에는 관계 서류의 사본을 관할 시장·군수 또는 자치구의 구청장에게 보내야 한다.

② 특별자치도지사가 법 제3조의3에 따라 주민 및 관계 전문가 등의 의견을 들으려는 경우 또는 시장·군수 또는 자치구의 구청장이 제1항에 따라 관계 서류를 받은 경우에는 지체 없이 택지개발지구 지정 대상의 명칭·위치 및 면적 등을 공고하여야 한다. 이 경우 특별자치도지사·시장·군수 또는 자치구의 구청장은 공고한 날부터

14일 동안 일반인이 그 서류를 열람할 수 있도록 하여야 한다.

③ 택지개발지구의 지정에 대하여 의견이 있는 자는 제2항에 따른 열람기간에 특별자치도지사·시장·군수 또는 자치구의 구청장에게 의견서를 제출할 수 있다.

④ 시장·군수 또는 자치구의 구청장은 제3항에 따라 제출된 의견이 있으면 이를 종합하여 지정권자에게 제출하여야 하며, 제출된 의견이 없으면 그 사실을 지정권자에게 통보하여야 한다.

⑤ 법 제3조의3제1항 단서에서 "대통령령으로 정하는 경미한 사항"이란 제3조 각 호의 어느 하나에 해당하는 사항을 말한다.

⑥ 제1항에도 불구하고 다음 각 호의 어느 하나에 해당할 때에는 지정권자가 직접 주민 및 관계 전문가 등의 의견을 들을 수 있다.

1. 택지개발지구가 둘 이상의 시·군·자치구에 걸쳐 있는 경우
2. 제1항에 따라 관계 서류를 받은 시장·군수 또는 자치구의 구청장이 제2항에 따른 공고를 하지 아니하는 경우

⑦ 제6항에 따라 지정권자가 주민 및 관계 전문가 등의 의견을 들으려는 경우에는 제2항부터 제4항까지의 규정을 준용하되, 열람기간 중 주민설명회 또는 공청회를 1회 이상 개최하여야 하며, 지정권자가 의견을 듣는 경우에는 택지개발지구 지정 대상의 명칭·위치 및 면적 등을 관보에 공고하여야 한다.

[전문개정 2013. 12. 4.]

제6조(행위허가의 대상 등) ① 법 제6조제1항에 따라 관할 특별자치도지사·시장·군수 또는 자치구의 구청장의 허가를 받아야 하는 행위는 다음 각 호와 같다. 〈개정 2021. 1. 5.〉

1. 건축물의 건축 등: 「건축법」 제2조제1항제2호에 따른 건축물(가설건축물을 포함한다)의 건축, 대수선 또는 용도변경

2. 공작물의 설치: 인공을 가하여 제작한 시설물(「건축법」 제2조제1항제2호에 따른 건축물은 제외한다)의 설치

3. 토지의 형질변경: 절토(땅깎기)·성토(흙쌓기)·정지(땅고르기)·포장 등의 방법으로 토지의 형상을 변경하는 행위, 토지의 굴착 또는 공유수면의 매립

4. 토석의 채취: 흙·모래·자갈·바위 등의 토석을 채취하는 행위. 다만, 토지의 형질변경을 목적으로 하는 것은 제3호에 따른다.

5. 토지분할

6. 물건을 쌓아놓는 행위: 이동이 쉽지 아니한 물건을 1개월 이상 쌓아놓는 행위

7. 죽목의 벌채 및 식재

② 특별자치도지사·시장·군수 또는 자치구의 구청장은 법 제6조제1항에 따라 제1항 각 호의 행위에 대한 허가를 하려는 경우로서 법 제7조에 따라 택지개발사업시행자(이하 "시행자"라 한다)가 지정되어 있는 경우에는 미리 그 시행자의 의견을 들어야 한다.

③ 법 제6조제2항제2호에서 "대통령령으로 정하는 행위"란 다음 각 호의 어느 하나에 해당하는 행위로서 「국토의 계획 및 이용에 관한 법률」 제56조에 따른 개발행위 허가의 대상이 아닌 것을 말한다.

1. 농림수산물의 생산에 직접 이용되는 것으로서 국토교통부령으로 정하는 간이공작물의 설치

2. 경작을 위한 토지의 형질변경

3. 택지개발지구의 개발에 지장을 주지 아니하고 자연경관을 손상하지 아니하는 범위에서의 토석 채취

4. 택지개발지구에 존치하기로 결정된 대지에 물건을 쌓아놓는 행위

5. 관상용 죽목의 임시식재(경작지에서의 임시식재는 제외한다)

④ 법 제6조제3항에 따라 신고하여야 하는 자는 택지개발지구가 지정·고시된 날부터 30일 이내에 그 공사 또는 사업의 진행상황과 시행계획을 첨부하여 관할 특별자치도지사·시장·군수 또는 자치구의 구청장에게 신고하여야 한다.

[전문개정 2013. 12. 4.]

제6조의2(공공·민간 공동 택지개발사업의 시행요건) ① 법 제7조제1항제4호에서 "대통령령으로 정하는 비율"이란 다음 각 호의 구분에 따른 비율을 말한다.

1. 공공시행자가 국토교통부장관이 정하는 바에 따라 주택건설등 사업자에게 공동 택지개발사업의 시행을 요청하는 경우: 100분의 20

2. 주택건설등 사업자가 토지취득이나 사업계획승인 등의 어려움을 해소하기 위하여 공공시행자에게 공동 택지개발사업의 시행을 요청하는 경우: 100분의 50

② 법 제7조제1항제4호에 따라 공공시행자와 공동으로 택지개발사업을 시행하려는 주택건설등 사업자는 다음 각 호의 어느 하나에 해당하는 요건을 갖추어야 한다. 〈개정 2016. 8. 11.〉

1. 「건설산업기본법」 제9조에 따라 종합공사를 시공하는 업종(건축공사업 또는 토목건축공사업으로 한정한다)의 등록을 하였을 것

2. 「주택법」 제7조에 따른 기준에 해당할 것

3. 제1호에 해당하는 자와 주택건설공사의 시공계약을 체결하였을 것

③ 주택건설등 사업자는 제6조의3제3항에 따라 협약을 체결할 때까지 제1항에 따른 비율 이상의 토지를 소유하거나 소유권 이전계약을 체결하여야 한다. 이 경우 소유권 이전계약을 체결한 토지에 대해서는 해당 택지개발지구의 지정 전까지 소유권을 취득하여야 한다.

[전문개정 2013. 12. 4.]

제6조의3(공공·민간 공동 택지개발사업의 시행절차) ① 주택건설등 사업자가 공공시행자에게 공동 택지개발사업의 시행을 요청하려는 경우에는 택지개발지구의 경계, 개발방향, 주택건설계획 등이 포함된 구체적인 사업계획서를 제출하여야 한다.

② 주택건설등 사업자가 공공시행자에게 공동 택지개발사업의 시행을 요청하는 경우 공공시행자는 국토교통부장관이 정하는 바에 따라 공익성과 사업성 등을 고려하여 그 수용 여부를 판단하여야 하며, 주택건설등 사업자의 요청을 받은 날부터 30일 이내에 그 수용 여부를 통보하여야 한다. 이 경우 주택건설등 사업자의 요청을 수용하지 아니할 때에는 그 사유를 명시하여 통보하여야 한다.

③ 주택건설등 사업자와 공공시행자가 공동으로 택지개발사업을 시행하려는 경우에는 다음 각 호의 사항을 포함하는 협약을 체결하여야 한다.

1. 사업의 범위와 규모

2. 업무의 범위 및 분담

3. 토지 등의 소유권 이전

4. 공공시설 등의 설치 및 관리

5. 기반시설의 설치 및 비용 부담

6. 주택건설등 사업자가 확보한 택지를 공공시행자가 택지로 활용하는 경우의 비용 정산

7. 그 밖에 주택건설등 사업자 또는 공공시행자가 필요하다고 인정하는 사항

④ 주택건설등 사업자와 공공시행자가 지정권자에게 제4조의2제3항에 따라 공동으로 택지개발지구의 지정을 제안하려는 경우에는 제4조의2제1항 각 호의 서류에 추가하여 제3항에 따라 체결한 협약서를 제출하여야 한다. 이 경우 지정권자는 「전자정부법」 제36조제1항에 따른 행정정보의 공동이용을 통하여 지적도 및 임야도를 확인하여야 한다.

⑤ 주택건설등 사업자와 공공시행자가 공동으로 시행한 택지개발사업으로 조성된 택지 중 주택건설등 사업자의 지분에 해당하는 택지(제9조의2에 따라 주택건설등 사업자가 활용하는 택지를 말한다)는 해당 주택건설등 사업자가 직접 주택건설 등에 활용하여야 한다. 다만, 주택건설등 사업자가 파산·부도 등으로 법 제9조제1항에 따른 택지개발사업 실시계획 승인일부터 2년 이내에 「주택법」 제15조에 따른 주택건설사업계획의 승인을 신청하기 곤란한 경우에는 공공시행자에게 해당 택지를 조성원가로 매수하여 줄 것을 요청할 수 있다. 〈개정 2016. 8. 11.〉

[전문개정 2013. 12. 4.]

제6조의4(공공시행자의 주택건설등 사업자 선정 방법 등) ① 공공시행자는 법 제7조제1항제5호에 따라 공모(公募)에 의한 경쟁을 통하여 주택건설등 사업자를 선정하여야 한다.

② 공공시행자가 주택건설등 사업자와 협약을 체결하는 경우 그 협약 내용에는 다음 각 호의 사항이 포함되어야 한다.

1. 사업명, 위치, 면적, 기간 등 사업의 범위와 규모에 관한 사항
2. 공공시행자와 주택건설등 사업자 간의 업무의 범위 및 분담에 관한 사항
3. 사업비 및 자금조달계획에 관한 사항
4. 사업계획의 변경에 관한 사항
5. 조성택지의 공급 및 처분에 관한 사항
6. 주택건설등 사업자의 이윤율에 관한 사항
7. 기반시설의 설치 및 비용부담에 관한 사항
8. 시설물 등의 이관 및 사후관리에 관한 사항
9. 그 밖에 국토교통부령으로 정하는 사항

③ 법 제7조제1항제5호에 따른 주택건설등 사업자의 이윤율은 총사업비의 100분의 6 이내로 한다. 이 경우 총사업비는 용지비, 용지부담금, 조성비, 기반시설 설치비, 직접인건비, 이주대책비, 판매비, 일반관리비, 자본비용 및 그 밖의 비용을 합산한 금액으로 한다.

④ 법 제7조제1항제5호에 따른 주택건설등 사업자는 제13조의2제2항에도 불구하고 공공시행자와 체결한 협약에서 정하는 바에 따라 자신의 투자지분 범위에서 그 조성택지를 우선 공급받을 수 있다.

⑤ 제1항 및 제2항에서 규정한 사항 외에 주택건설등 사업자의

선정절차 등에 관하여 필요한 사항은 국토교통부령으로 정한다.

[전문개정 2013. 12. 4.]

第6조의5(택지개발사업의 대행) ① 법 제7조제2항에 따라 공공시행자가 주택건설등 사업자에게 대행하게 할 수 있는 택지개발사업의 범위는 다음 각 호와 같다.

1. 실시설계
2. 부지조성공사
3. 기반시설공사
4. 조성된 택지의 분양

② 법 제7조제2항에 따라 택지개발사업의 일부를 대행하려는 주택건설등 사업자는 다음 각 호의 사항을 적은 택지개발사업대행신청서에 국토교통부장관이 정하는 서류를 첨부하여 공공시행자에게 제출하여야 한다.

1. 대행개발사업자의 성명(법인의 경우에는 법인의 명칭 및 대표자의 성명을 말한다) 및 주소
2. 택지개발사업을 대행하려는 택지개발지구의 명칭·위치 및 면적
3. 다음 각 목의 사항이 포함된 택지개발사업대행의 시행계획 개요
   가. 사업의 목적
   나. 사업의 개요 및 종류
   다. 사업의 시행기간

③ 공공시행자는 법 제7조제2항에 따라 택지개발사업을 대행하게 하려는 경우에는 주택건설등 사업자와 택지개발사업의 대행에 관한 계약을 체결하여야 한다.

[전문개정 2013. 12. 4.]

제7조(택지개발계획의 수립 등) ① 법 제8조제1항제5호에서 "대통령령으로 정하는 사항"이란 다음 각 호의 사항을 말한다.

1. 택지개발계획(이하 "개발계획"이라 한다)의 명칭

2. 시행자의 명칭 및 주소와 대표자의 성명

3. 개발하려는 토지의 위치와 면적

② 지정권자는 개발계획을 수립하려는 경우에는 법 제3조의2에 따른 제안자에게 기한을 정하여 다음 각 호의 서류를 제출하도록 요구할 수 있다.

1. 법 제8조제1항제1호부터 제4호까지 및 이 조 제1항 각 호의 사항을 적은 서류

2. 축척 5천분의 1 이상인 지형도 또는 지적도에 개발계획을 명시하여 작성한 도면

③ 지정권자는 개발계획을 수립하기 위하여 필요한 경우 법 제7조제1항제5호의 시행자에게 제6조의4제2항에 따라 체결된 협약서를 제출하게 할 수 있다.

④ 법 제8조제1항제3호의 토지이용에 관한 계획에는 다음 각 호의 주택건설용지에 관한 계획과 공공시설용지에 관한 계획이 포함되어야 한다. 〈개정 2022. 12. 6.〉

1. 주택건설용지에 관한 계획: 주택(단독주택 및 공동주택으로 구분한다)을 건축하기 위한 용지 및 근린생활시설(「건축법 시행령」 별표 1 제3호 및 제4호에 따른 근린생활시설을 말한다. 이하 같다)을 건축하기 위한 용지에 관한 계획. 이 경우 근린생활시설을 건축하기

위한 용지에는 근린생활시설, 「고등학교 이하 각급 학교 설립·운영 규정」에 따른 유치원(이하 "유치원"이라 한다) 및 「영유아보육법」에 따른 어린이집(이하 "어린이집"이라 한다)에 한정하여 건축할 수 있도록 하여야 한다.

2. 공공시설용지에 관한 계획: 공공시설을 설치하기 위한 용지에 관한 계획. 이 경우 유치원을 건축하기 위한 용지, 어린이집을 건축하기 위한 용지 또는 유치원·어린이집을 건축하기 위한 용지에는 다음 각 목의 구분에 따른 시설을 건축할 수 있도록 하여야 한다.

가. 유치원을 건축하기 위한 용지에는 건축물 연면적의 70퍼센트 이상의 면적에 유치원을 건축하게 하고, 남은 면적에는 1) 또는 2)의 시설을 건축할 수 있도록 하여야 한다.

1) 어린이집

2) 「학원의 설립·운영 및 과외교습에 관한 법률 시행령」 별표 2에 따른 교습과정 중 미성년자를 주된 대상으로 하는 가)부터 라)까지에 해당하는 학원

가) 교습과정이 컴퓨터인 학원

나) 교습과정이 부기, 주산, 속셈 또는 속독인 학원

다) 교습과정이 음악, 미술, 무용 또는 웅변인 학원

라) 독서실

나. 어린이집을 건축하기 위한 용지에는 건축물 연면적의 60퍼센트 이상의 면적에 어린이집을 건축하게 하고 남은 면적에는 1) 또는 2)의 시설을 건축하도록 하여야 한다.

1) 「아동복지법」 제52조제1항제7호에 따른 아동전용시설

2) 「도서관법」 제4조제2항제1호나목에 따른 어린이도서관

다. 유치원·어린이집을 건축하기 위한 용지에는 건축물 연면적의 70퍼센트 이상의 면적에 유치원 또는 어린이집을 건축하게 하거나 유치원과 어린이집을 함께 건축하도록 하고, 남은 면적에는 1)부터 3)까지에 해당하는 시설을 건축할 수 있도록 하여야 한다.

1) 「학원의 설립·운영 및 과외교습에 관한 법률 시행령」 별표 2에 따른 교습과정 중 미성년자를 주된 대상으로 하는 가)부터 라)까지에 해당하는 학원

가) 교습과정이 컴퓨터인 학원

나) 교습과정이 부기, 주산, 속셈 또는 속독인 학원

다) 교습과정이 음악, 미술, 무용 또는 웅변인 학원

라) 독서실

2) 「아동복지법」 제52조제1항제7호에 따른 아동전용시설

3) 「도서관법」 제4조제2항제1호나목에 따른 어린이도서관

⑤ 제1항부터 제4항까지에서 규정한 사항 외에 택지개발계획의 수립기준 등에 관하여 필요한 사항은 국토교통부장관이 따로 정한다.

[전문개정 2013. 12. 4.]

제8조(실시계획의 작성 및 승인 등) ① 시행자가 법 제9조제1항에 따른 택지개발사업 실시계획(이하 “실시계획”이라 한다)을 작성하는 경우에는 제2항 각 호의 사항 및 제3항 각 호 서류의 내용을 포함하여 작성하여야 한다.

② 지정권자가 아닌 시행자가 법 제9조제1항에 따라 실시계획의 승인을 받으려는 경우에는 다음 각 호의 사항을 적은 택지개발사업

실시계획승인신청서를 지정권자에게 제출하여야 한다.

1. 사업시행지

2. 사업의 종류 및 명칭

3. 시행자의 명칭·주소 및 대표자의 성명

4. 시행기간(공정별 소요기간을 포함한다)

③ 제2항의 택지개발사업실시계획승인신청서에는 다음 각 호의 서류를 첨부하여야 한다. 이 경우 지정권자는 「전자정부법」 제36조제1항에 따른 행정정보의 공동이용을 통하여 사업시행지의 지적도를 확인하여야 한다.

1. 자금계획서(연차별 자금투입계획 및 재원조달계획을 포함한다)

2. 사업시행지의 위치도

3. 계획평면도 및 개략설계도서

4. 법 제25조에 따른 공공시설 등의 명세서 및 처분계획서

5. 토지·물건 또는 권리(이하 "토지등"이라 한다)의 매수 및 보상계획서

6. 토지등을 수용 또는 사용(이하 "수용"이라 한다)하려는 경우에는 수용할 토지등의 소재지, 지번 및 지목, 면적, 소유권 및 소유권 외의 권리의 명세와 그 소유자 및 권리자의 성명·주소를 적은 서류(법 제8조제1항제4호에 따라 개발계획에 포함된 사항과 그 내용이 다른 것으로 한정한다)

7. 공급할 토지의 위치 및 면적, 공급의 대상자 또는 그 선정방법, 공급의 시기·방법 및 조건, 공급가격 결정방법을 정한 택지의 공급에 관한 계획서와 법 제8조제1항제3호의 토지이용에 관한 계획

에서 정한 택지의 용도 및 공급대상자별 분할 도면

8. 제6조의4제2항에 따른 협약서(법 제7조제1항제5호의 시행자만 해당한다)

④ 지정권자(특별자치도지사는 제외한다)는 제1항에 따라 실시계획을 작성하거나 승인하려는 경우에는 관계 시장·군수 또는 자치구의 구청장의 의견을 들어야 한다. 다만, 이미 시행자가 시장·군수 또는 자치구의 구청장과 협의를 한 경우에는 그러하지 아니하다.

⑤ 법 제9조제1항 후단에서 “대통령령으로 정하는 경미한 사항의 변경”이란 다음 각 호의 요건을 충족하는 경우를 말한다.

1. 사업비의 100분의 10 범위에서의 증감

2. 사업면적의 100분의 10 범위에서의 감소

3. 승인을 받은 사업비의 범위에서 설비 및 시설의 설치 변경

⑥ 시행자는 제5항 각 호의 어느 하나에 해당하는 사항이 발생하였을 때에는 지체 없이 지정권자에게 이를 보고하여야 한다.

⑦ 지정권자는 법 제9조제3항 및 제4항에 따라 실시계획을 고시할 때에는 다음 각 호의 사항을 명시하여야 한다.

1. 사업의 명칭

2. 시행자의 명칭 및 주소와 대표자의 성명

3. 사업의 목적과 개요

4. 사업시행기간

5. 사업시행지의 위치 및 면적

6. 법 제21조제2항에 따른 이해관계인에 대한 서류의 공시송달방법

7. 수용할 토지등의 소재지, 지번 및 지목, 면적, 소유권 및 소유권 외의 권리의 명세와 그 소유자 및 권리자의 성명·주소. 다만, 법 제3조제6항에 따라 고시된 개발계획의 내용과 동일한 경우에는 이를 생략할 수 있으나, 그 생략하는 취지를 명시하여야 한다.

8. 국토의 계획 및 이용에 관한 법령에 따른 지구단위계획에 관한 사항

⑧ 법 제9조제5항에서 "대통령령으로 정하는 특별한 사유가 있는 경우"란 택지개발지구가 다음 각 호의 어느 하나에 해당하는 경우를 말한다.

1. 택지개발지구 지정 당시 이미 「도시개발법」 제3장제3절에 따른 환지 방식(이하 이 조에서 "환지방식"이라 한다)으로 도시개발사업을 시행하기 위하여 도시개발구역으로 결정·고시된 지역에 해당하는 경우

2. 해당 지역의 지가가 인근의 다른 택지개발지구의 지가에 비하여 현저히 높아 환지방식 외의 방법으로는 택지개발이 매우 곤란한 경우

3. 택지개발지구에 집단취락이나 건축물 등이 다수 포함되어 있어 주민의 이주 및 생활대책 수립, 그 밖에 사업지구의 특성 등을 고려하여 환지방식 또는 「도시개발법」 제21조제1항에 따른 혼용방식에 따른 사업시행이 필요하다고 인정되는 경우

⑨ 법 제11조제1항제1호에 따라 도시·군관리계획의 결정이 있는 것으로 보는 경우에는 관할 시장·군수는 「국토의 계획 및 이용에 관한 법률」 제32조에 따라 실시계획 승인 대상지의 지형도면 승인

신청 등 필요한 절차를 진행하여야 하며, 시행자는 지형도면 고시에 필요한 도면 등을 시장·군수에게 제출하여야 한다.

⑩ 지정권자가 제2항에 따라 시행자로부터 택지개발사업실시계획 승인신청서를 제출받은 경우에는 그 날부터 60일 이내에 그 승인 여부를 결정하여 시행자에게 통보하여야 한다.

[전문개정 2013. 12. 4.]

제9조(협의 요청에 대한 의견제출기간) 법 제11조제2항 후단에서 "대통령령으로 정하는 기간"이란 20일을 말한다.

[전문개정 2013. 12. 4.]

제9조의2(공공시행자의 택지 활용비율 등) ① 법 제12조제5항에서 "대통령령으로 정하는 비율 이상의 토지"란 택지개발지구의 전체 토지면적의 100분의 30 이상인 토지를 말한다. 이 경우 택지개발지구의 전체 토지면적 중 수용한 토지의 면적에 해당하는 비율 이상의 토지가 공공시행자가 택지로 활용하는 토지에 포함되어야 한다.

② 공공시행자와 주택건설등 사업자 간의 택지의 활용비율은 택지개발지구의 전체 토지면적에서 공공시행자와 주택건설등 사업자가 각각 확보한 토지면적의 비율 등을 고려하여 정하되, 구체적인 사항은 협약으로 정한다.

③제2항에도 불구하고 법 제12조제5항에 따라 택지개발지구의 전체 토지면적에서 주택건설등 사업자가 확보한 비율의 토지 중 일부를 공공시행자가 택지로 활용하는 경우의 비용의 정산은 다음의 계산식에 따라 산정한 금액을 기준으로 하되, 구체적인 사항은 협약으로 정한다.

주택건설등 사업자가 취득한 토지의 공시지가 × (공공시행자가 수용한 토지의 보상액 ÷ 공공시행자가 수용한 토지의 공시지가) × (주택건설등 사업자가 확보한 비율의 토지 중 공공시행자가 택지로 활용하는 토지의 면적 ÷ 주택건설등 사업자가 취득한 토지의 면적)

[전문개정 2013. 12. 4.]

제9조의3(건축물의 존치 등) ① 법 제12조의2제1항에서 "대통령령으로 정하는 요건을 충족하는 경우"란 다음 각 호의 어느 하나에 해당하는 경우를 말한다.

1. 다음 각 목의 요건을 모두 충족하는 경우

가. 건축물 및 영업장 등이 관계 법령에 따라 인·허가 등을 받았을 것

나. 해당 사업지구의 토지이용계획상 받아들일 수 있을 것

다. 해당 건축물 등을 존치하는 것이 공익상 또는 경제적으로 현저히 유익할 것

라. 해당 건축물 등이 해당 택지개발사업의 준공 이후까지 장기간 활용될 것으로 예상될 것

2. 지방자치단체 등 관계 행정기관의 장이 문화적·예술적 가치가 있다고 인정하여 존치를 요청하는 경우로서 「국토의 계획 및 이용에 관한 법률」에 따른 중앙도시계획위원회 또는 지방도시계획위원회의 심의를 거친 경우

② 법 제12조의2제2항에서 "대통령령으로 정하는 공공시설"이란 「국토의 계획 및 이용에 관한 법률」 제65조에 따라 관리청에 무상으로 귀속되는 공공시설을 말한다.

③ 시행자가 법 제12조의2제2항에 따라 공공시설의 설치 등에 필요한 비용의 일부(이하 "시설부담금"이라 한다)를 같은 조 제1항에 따라 존치하게 된 시설물(이하 "존치시설물"이라 한다)의 소유자에게 내도록 하는 경우 시설부담금의 산정방식·부과방법 및 면제대상은 별표 1과 같다. 〈개정 2017. 12. 5.〉

④ 시행자는 법 제18조의2에 따라 택지조성원가를 공시할 때 해당 사업지구의 시설부담금 내역을 공개할 수 있다. 〈신설 2021. 4. 20.〉

[전문개정 2013. 12. 4.]

제10조(환매가액) 법 제13조제1항에서 "대통령령으로 정한 금액"이란 보상금 지급일부터 환매일까지의 법정이자를 말한다.

[전문개정 2013. 12. 4.]

제11조 삭제 〈2001. 7. 18.〉

제11조의2(준공검사) ① 시행자는 법 제16조제1항에 따라 준공검사를 받으려는 경우에는 준공검사신청서에 다음 각 호의 서류를 첨부하여 지정권자에게 제출하여야 한다.

1. 준공조서
2. 시장·군수가 인정하는 실측평면도와 구적평면도(求積平面圖)
3. 토지의 용도별 면적조서 및 평면도
4. 조성지의 소유자별 면적조서
5. 법 제25조에 따른 공공시설 등의 귀속조서 및 도면
6. 신·구 지적대조도
7. 그 밖에 국토교통부령으로 정하는 서류

② 지정권자는 해당 택지개발사업이 법 제9조에 따라 승인한 실시계획대로 완료되었다고 인정할 때에는 준공검사서를 시행자에게 발급하고, 이를 관보에 공고하여야 한다.

③ 제2항에 따라 공사완료를 공고할 때에는 다음 각 호의 사항을 명시하여야 한다.

1. 사업의 명칭
2. 시행자의 명칭 및 주소와 대표자의 성명
3. 사업시행지의 위치
4. 사업시행지의 면적 및 용도별 면적
5. 준공일자
6. 주요 시설물의 관리처분에 관한 사항

[전문개정 2013. 12. 4.]

제12조(토지매수 업무 등의 위탁) ① 지방자치단체가 아닌 시행자가 법 제17조제1항에 따라 토지매수 업무와 손실보상 업무를 위탁하려는 경우에는 위탁목적물 및 위탁조건을 명시한 서면을 관할 특별시장·광역시장·도지사·특별자치도지사 또는 시장·군수에게 제출하여야 한다.

② 법 제17조제2항에 따라 토지매수 업무 및 손실보상 업무를 위탁하는 경우 시행자가 지급하여야 하는 위탁수수료의 요율은 「공익사업을 위한 토지 등의 취득 및 보상에 관한 법률 시행령」 별표 1에 따른다.

[전문개정 2013. 12. 4.]

제13조 삭제 〈2007. 7. 30.〉

제13조의2(택지의 공급방법 등) ① 시행자는 그가 개발한 택지를 「주택법」 제2조제6호에 따른 국민주택규모의 주택(임대주택을 포함한다) 건설용지(이하 "국민주택규모의 주택건설용지"라 한다)와 그 밖의 주택건설용지 및 법 제2조제2호의 공공시설용지로 구분하여 공급하되, 공공시설용지를 제외하고는 국민주택규모의 주택건설용지로 우선 공급하여야 한다. 〈개정 2016. 8. 11.〉

② 시행자는 법 제18조제1항에 따라 택지를 공급하는 경우에는 미리 가격을 정한 후 공급받을 자를 선정하여 분양하거나 임대해야 한다. 이 경우 도시의 발전과 택지공급의 원활한 수급을 위하여 용도별·지역별·공급대상자별로 그 가격을 달리 정할 수 있으며, 제3항제2호의 조건을 붙여 제5항제1호의 택지를 공급하는 경우에는 미리 가격을 정하지 않을 수 있다. 〈개정 2021. 4. 20., 2021. 12. 28.〉

③ 시행자는 제2항에 따라 공급받을 자를 선정하는 경우 다음 각 호의 어느 하나에 해당하는 조건을 붙여 경쟁에 부쳐야 한다. 다만, 택지의 용도 및 공급 대상자 등을 고려하여 필요한 경우에는 추첨의 방법으로 공급할 수 있다. 〈개정 2021. 4. 20.〉

1. 공동주택 건설용지를 공급하는 경우 해당 토지에 건설되는 주택의 일부를 시행자에게 「공공주택 특별법」 제2조제1호가목의 공공임대주택의 용도로 매각할 것

2. 「부동산투자회사법」 제49조의3에 따른 공모부동산투자회사(같은 법 제14조의8제1항 및 제2항에 따라 주식 공모가 예정된 부동산투자회사를 포함한다) 또는 「자본시장과 금융투자업에 관한 법률」 제229조제2호에 따른 부동산집합투자기구(같은 법 제9조제19항에

따른 사모집합투자기구는 제외한다)를 설립하여 토지를 개발할 것

④ 시행자는 제3항 본문에 따라 공급받을 자를 선정하는 경우 국토교통부장관이 정하는 절차와 방법에 따라야 한다. 〈개정 2021. 4. 20.〉

⑤ 시행자는 제2항부터 제4항까지의 규정에도 불구하고 다음 각 호의 어느 하나에 해당하는 택지는 경쟁입찰의 방법으로 공급할 수 있다. 〈신설 2021. 4. 20., 2021. 12. 28.〉

1. 판매시설용지 등 국토교통부장관이 정하여 고시하는 영리행위에 사용될 택지

2. 「주택법」 제15조에 따라 사업계획의 승인을 받아 건설하는 공동주택의 건설용지 외의 택지. 다만, 토지가격의 안정과 공공목적을 위하여 필요한 경우는 제외한다.

⑥ 시행자는 제2항부터 제5항까지의 규정에 따라 공급하는 택지가 학교시설용지·의료시설용지 등 국토교통부령으로 정하는 특정시설용지인 경우에는 공급대상자의 자격을 제한할 수 있다. 〈신설 2021. 4. 20.〉

⑦ 시행자는 제3항부터 제5항까지의 규정에도 불구하고 다음 각 호의 어느 하나에 해당하는 경우에는 수의계약의 방법으로 공급할 수 있다. 다만, 제4호에 따라 택지를 공급할 때 택지의 공급신청량이 개발계획에서 계획된 수량을 초과하는 경우에는 추첨의 방법으로 공급하며, 「개발제한구역의 지정 및 관리에 관한 특별조치법」에 따른 개발제한구역(이하 "개발제한구역"이라 한다)에 지정된 택지개발지구에 개발제한구역 지정 이전부터 소유하거나 개발제한구역 지정

이후에 상속에 의하여 취득한 토지를 양도하는 자에게 공급하는 경우에는 국토교통부령으로 정하는 기준에 따라 우선 공급할 수 있다. 〈개정 2014. 7. 21., 2014. 7. 28., 2015. 11. 11., 2015. 12. 22., 2016. 8. 11., 2017. 1. 17., 2021. 4. 20., 2021. 12. 28., 2025. 10. 1.〉

1. 「주택법」에 따른 사업주체 중 국가, 지방자치단체 또는 국토교통부령으로 정하는 공공기관에 공급할 경우

1의2. 임대주택의 건설용지를 다음 각 목에 해당하는 자가 단독 또는 공동으로 총지분의 100분의 50을 초과하여 출자한 부동산투자회사(「부동산투자회사법」 제2조제1호에 따른 부동산투자회사를 말한다)에 공급할 경우

가. 국가

나. 지방자치단체

다. 「한국토지주택공사법」에 따른 한국토지주택공사

라. 「지방공기업법」 제49조에 따라 주택사업을 목적으로 설립된 지방공사

2. 도로, 학교, 공원, 공용의 청사 등 일반인에게 분양할 수 없는 공공시설용지를 국가, 지방자치단체, 그 밖에 법령에 따라 해당 공공시설을 설치할 수 있는 자에게 공급할 경우

3. 택지개발지구의 건축물 등의 시설물로서 법 제9조제3항에 따라 고시한 실시계획에 따라 존치되는 시설물의 유지·관리에 필요한 최소범위의 택지를 공급하는 경우

4. 「공익사업을 위한 토지 등의 취득 및 보상에 관한 법률」에 따

른 협의에 응하여 그가 소유하는 택지개발지구의 토지의 전부(「수도권정비계획법」에 따른 수도권지역의 경우에는 해당 토지의 면적이 국토교통부령으로 정하는 면적 이상인 경우로 한정하며, 해당 토지에 「공익사업을 위한 토지 등의 취득 및 보상에 관한 법률」 제3조에 해당하는 물건이나 권리가 있는 경우에는 이를 포함한다. 이하 이 조에서 같다)를 시행자에게 양도한 자(제5조제2항에 따른 공고일의 1년 전부터 토지를 소유한 자로 한정하되, 공고일부터 역산하여 1년이 되는 날 이후에 토지를 취득한 자로서 택지개발지구 내 토지의 종전 소유자로부터 그 토지의 전부를 취득한 자와 법원의 판결 또는 상속에 의하여 토지를 취득한 자를 포함한다)에게 국토교통부령으로 정하는 규모의 택지를 공급하는 경우

5. 「주택법」 제4조에 따라 등록한 주택건설사업자가 제5조제2항에 따른 공고일 현재 택지개발지구에서 소유(그 공고일 현재 소유권을 이전하기로 하는 계약이 체결되어 있고, 해당 택지개발지구의 지구 지정일까지 그 소유권을 취득하는 경우를 포함한다)하는 토지의 전부를 「공익사업을 위한 토지 등의 취득 및 보상에 관한 법률」에 따른 협의에 응하여 시행자에게 양도하였을 때 해당 주택건설사업자에게 토지의 소유목적ㆍ용도 및 주택건설사업의 추진 정도 등을 고려하여 국토교통부령으로 정하는 면적의 범위에서 택지를 공급하는 경우. 다만, 제5조제2항에 따른 공고일 현재 소유권을 이전하기로 하는 계약이 체결된 토지의 경우에는 그 계약에 대하여 다음 각 목의 어느 하나에 해당하는 행위가 제5조제2항에 따른 공고일 이전에 이루어진 사실을 확인할 수 있는 경우로 한정한다.

가. 「부동산등기 특별조치법」 제3조에 따른 검인

나. 「부동산 거래신고 등에 관한 법률」 제3조에 따른 부동산거래 신고

다. 「공증인법」 제25조부터 제35조까지, 제35조의2, 제36조부터 제40조까지의 규정에 따른 증서의 작성

라. 「공증인법」 제57조, 제57조의2, 제58조 및 제59조에 따른 사서증서에 대한 인증

6. 택지개발지구에서 주택을 건설하기 위하여 「주택법」 제11조에 따라 설립인가를 받은 주택조합으로서 제5조제2항에 따른 공고일 현재 그 주택조합의 조합원에게 공급하여야 할 주택을 건설하는 데 필요한 토지 면적의 2분의 1 이상을 취득한 주택조합이 그 토지의 전부를 「공익사업을 위한 토지 등의 취득 및 보상에 관한 법률」에 따른 협의에 응하여 시행자에게 양도하였을 때 해당 주택조합에 국토교통부령으로 정하는 면적의 범위에서 택지를 공급하는 경우

7. 도시의 바람직한 발전을 위하여 특별설계(현상설계 등에 의하여 창의적인 개발안을 받아들일 필요가 있거나 다양한 용도를 수용하기 위한 복합적 개발이 필요한 경우 등에 실시하는 설계를 말한다)를 통한 개발이 필요하여 국토교통부장관이 정하는 절차와 방법에 따라 선정된 자에게 택지를 공급하는 경우

8. 면적이 330만제곱미터 이상인 택지개발지구가 위치한 시·군 지역에 다음 각 목의 어느 하나에 해당하는 「산업입지 및 개발에 관한 법률」에 따른 산업단지(면적이 100만제곱미터 이상인 경우로 한정한다)를 조성하는 경우로서 산업단지 개발사업의 시행자(산업단

지 내 산업시설용지의 50퍼센트 이상을 분양받아 공장을 설립하는 기업을 포함한다)가 근로자에게 제공하기 위한 주택건설용지 및 학교시설용지 등이 필요하여 관할 시장·군수 및 산업통상부장관의 추천을 받고, 「주거기본법」 제8조에 따른 주거정책심의위원회에서 택지공급의 필요성이 있다고 인정하여 국토교통부령으로 정하는 면적의 범위에서 택지를 공급하는 경우

가. 「수도권정비계획법」 제2조제1호에 따른 수도권에서 수도권이 아닌 지역으로 이전하는 기업이 조성하는 산업단지

나. 국토교통부령으로 정하는 첨단업종의 공장을 설립하기 위하여 조성하는 산업단지

9. 「공익사업을 위한 토지 등의 취득 및 보상에 관한 법률」 제63조제1항제1호에 따라 토지로 보상받기로 한 자에게 택지의 효율적인 이용 등을 고려하여 국토교통부령으로 정하는 면적의 범위에서 택지를 공급하는 경우

10. 「부동산투자회사법」 제26조의3제1항에 따라 현물출자를 받은 개발전문 부동산투자회사에 택지의 효율적인 이용 등을 고려하여 국토교통부령으로 정하는 면적의 범위에서 택지를 공급하는 경우

11. 그 밖에 관계 법령에 따라 수의계약으로 공급할 수 있는 경우

⑧ 시행자는 택지를 공급하려면 다음 각 호의 사항을 공고해야 한다. 다만, 제6항에 따라 택지공급대상자의 자격이 제한되는 경우와 제7항에 따라 수의계약으로 공급하는 경우는 제외한다. 〈개정 2021. 4. 20.〉

1. 시행자의 명칭 및 주소와 대표자의 성명

2. 택지의 위치 · 면적 및 용도(용도에 대한 금지 또는 제한이 있는 경우에는 그 금지 또는 제한의 내용을 포함한다)

3. 공급의 시기 · 방법 및 조건

4. 공급가격

5. 국토교통부령으로 정하는 택지조성원가

6. 공급신청의 기간 및 장소

7. 공급신청자격

8. 공급신청 시 구비서류

⑨ 국토교통부장관은 국민주택의 공급을 촉진하는 등 국민의 주거생활의 안정을 위하여 필요하다고 인정하는 경우에는 법 제18조제2항에 따라 용도별 · 지역별 · 주택규모별로 택지의 공급방법 및 공급가격의 기준을 정하여 그 기준에 따라 택지의 가격을 정하게 할 수 있다. 〈개정 2021. 4. 20.〉

[전문개정 2013. 12. 4.]

제13조의3(택지의 전매행위 제한의 특례) 법 제19조의2제1항 단서에서 "대통령령으로 정하는 경우"란 다음 각 호의 어느 하나에 해당되어 시행자의 동의를 받은 경우를 말한다. 다만, 제1호 · 제2호 · 제7호 및 제9호의3의 경우에는 시행자로부터 최초로 택지를 공급받은 자의 경우에만 해당한다. 〈개정 2008. 2. 29., 2008. 8. 12., 2008. 11. 26., 2009. 6. 25., 2011. 8. 30., 2013. 1. 9., 2013. 3. 23., 2015. 8. 11., 2016. 8. 11., 2017. 12. 29., 2020. 7. 7., 2021. 2. 17., 2021. 4. 20., 2021. 12. 28., 2023. 11. 28., 2025. 6. 25.〉

1. 「공익사업을 위한 토지 등의 취득 및 보상에 관한 법률」에 따른 이주대책의 실시에 따라 공급하는 주택건설용지의 경우

2. 제13조의2제6항에 따라 공급하는 특정시설용지로서 국토교통부령으로 정하는 용지의 경우

3.국가, 지방자치단체, 「공공기관의 운영에 관한 법률」에 따른 공공기관 또는 「지방공기업법」에 따른 지방공사에 공급하는 택지의 경우

4. 택지를 공급받은 자가 국가, 지방자치단체, 「공공기관의 운영에 관한 법률」에 따른 공공기관 또는 「지방공기업법」에 따른 지방공사에 소유권을 이전하는 경우

5. 삭제 〈2021. 12. 28.〉

6. 「주택법」 제4조에 따른 주택건설사업자의 부도 등으로 분양보증을 한 자에게 보증내용에 따른 시공을 이행하게 하기 위하여 소유권을 이전하는 경우

7. 「상법」 제530조의2부터 제530조의12까지의 규정에 따른 회사분할(분할합병의 경우는 제외한다)로 설립되는 회사가 분할되는 회사로부터 해당 택지를 최초 택지공급가액으로 승계받은 경우(설립되는 회사가 제13조의2제2항부터 제7항까지의 규정에 따라 공급받을 당시에 분할되는 회사가 가지고 있던 공공택지의 공급대상자 자격요건을 충족하는 경우로 한정한다)

8. 제13조의2제5항제1호에 따른 판매시설용지 등 영리를 목적으로 사용될 택지를 공급받은 자가 「자본시장과 금융투자업에 관한 법률」에 따른 신탁업자(이하 "신탁업자"라 한다)와 해당 택지의 개발

또는 분양관리를 목적으로 신탁계약을 체결하는 경우

8의2. 단독주택 건설용지 또는 공동주택 건설용지를 공급받은 자가 신탁업자와 해당 주택건설용지의 개발 또는 담보를 목적으로 신탁계약을 체결하는 경우(해당 주택건설용지에 대한 「주택법」 제15조에 따른 사업계획승인은 해당 주택건설용지를 공급받은 자가 받는 경우로 한정한다)

9. 공공시설용지와 주택건설용지 중 근린생활시설을 건축하기 위한 용지를 공급받은 자가 시행자로부터 공급받은 가격 이하로 해당 용지를 전매하는 경우

9의2. 주택건설용지(근린생활시설을 건축하기 위한 용지는 제외한다)를 공급받은 자가 시행자로부터 공급받은 가격 이하로 해당 용지를 전매하는 경우로서 다음 각 목의 어느 하나에 해당하는 경우

가. 단독주택 건설용지를 공급받은 자가 해당 용지에 대한 잔금납부일(잔금 납부일이 단독주택 건설용지 공급계약일부터 2년을 초과하는 경우에는 2년을 말한다) 이후에 전매하는 경우

나. 세대원(세대주가 포함된 세대구성원을 말한다. 이하 같다)이 근무ㆍ생업ㆍ취학ㆍ결혼 또는 질병치료(「의료법」 제3조에 따른 의료기관의 장이 1년 이상의 치료나 요양이 필요하다고 인정하는 경우로 한정한다)의 사유로 세대원 전원이 다른 광역시, 특별자치시, 특별자치도, 시 또는 군(같은 광역시의 관할구역에 있는 군은 제외한다)으로 이전하는 경우. 다만, 수도권으로 이전하는 경우는 제외한다.

다. 상속에 의하여 취득한 주택으로 세대원 전원이 이전하는 경우

라. 세대원 전원이 해외로 이주하거나 2년 이상의 기간 동안

해외에 체류하는 경우

마. 이혼으로 인하여 해당 용지의 소유권을 이혼하는 배우자에게 이전하는 경우

바. 공급받은 용지를 배우자에게 증여하는 경우

사. 해당 용지를 공급받은 자가 국가·지방자치단체 및 금융기관(「주택법 시행령」 제71조제1호 각 목의 금융기관을 말한다)에 대한 채무를 이행하지 못하여 경매 또는 공매가 시작되는 경우

아. 해당 용지를 공급받은 자가 부실징후기업이거나 부도 또는 그 밖에 이와 유사한 사유로 해당 용지에서 주택건설사업의 추진이 어려운 경우

9의3. 공동주택 건설용지를 공급받은 자가 해당 용지에 대한 잔금 납부일(잔금 납부일이 공동주택 건설용지 공급계약일부터 2년을 초과하는 경우에는 2년을 말한다) 이후에 「독점규제 및 공정거래에 관한 법률」에 따른 계열회사가 아닌 자에게 시행자로부터 공급받은 가격 이하로 전매하는 경우(2025년 7월 1일부터 2026년 6월 30일까지 전매하는 경우로 한정한다)

10. 공동주택 건설용지를 공급받은 자가 주택건설사업을 목적으로 공동 출자하여 설립한 특수목적법인(「조세특례제한법」 제104조의31제1항에서 정하는 설립요건을 충족하는 법인으로서 공동주택 건설용지를 공급받은 자가 50퍼센트를 초과하는 지분을 가지고 있는 경우로 한정한다)에 전매하는 경우

11. 공동주택 건설용지를 공급받은 자가 「부동산투자회사법」 제2조제1호나목 또는 다목에 따른 부동산투자회사(「민간임대주택에 관

한 특별법」 제2조제4호가목에 따른 공공지원민간임대주택을 건설하여 임대하는 업무를 하는 부동산투자회사로 한정한다)에 전매하는 경우

[본조신설 2007. 7. 30.]

[종전 제13조의3은 제13조의4로 이동 〈2007. 7. 30.〉]

제13조의4(선수금의 수령승인) ① 시행자가 법 제20조제4항에 따라 선수금을 받기 위하여 지정권자의 승인을 받으려는 경우에는 선수금수령승인신청서를 지정권자에게 제출하여야 한다.

② 지정권자는 제1항에 따라 시행자로부터 선수금수령승인신청서를 제출받은 경우에는 그 날부터 15일 이내에 그 승인 여부를 시행자에게 통보하여야 한다.

[전문개정 2013. 12. 4.]

제14조(서류의 공시송달) ① 시행자가 법 제21조제2항에 따라 공시송달을 할 경우에는 송달할 서류의 내용을 「신문 등의 진흥에 관한 법률」 제9조제1항에 따라 등록한 전국을 보급지역으로 하는 1개 이상의 일반일간신문 및 해당 지역을 보급지역으로 하는 1개 이상의 일반일간신문에 각각 1회 이상 공고하여야 한다.

② 제1항에 따라 공시송달을 하는 경우 그 서류는 일간신문에 공고된 날부터 14일이 경과하였을 때 상대방에게 도달된 것으로 본다.

[전문개정 2013. 12. 4.]

제14조의2(보고 및 자료제출) 법 제24조제1항에서 "대통령령으로 정하는 경우"란 다음 각 호의 어느 하나에 해당하는 경우를 말한다.

1. 법 제3조제1항·제3항 및 제5항에 따른 택지개발지구의 지정 또는 해제를 위하여 필요한 경우

2. 개발계획의 수립 또는 실시계획의 승인을 위하여 필요한 경우

3. 법 제16조제1항에 따른 준공검사를 위하여 필요한 경우

4. 법 제23조제1항에 따라 시행자에게 법에 따른 지정 또는 승인을 취소하거나 공사의 중지 또는 인공 구조물의 개축이나 이전 등을 명하기 위하여 필요한 경우

[본조신설 2013. 1. 9.]

제15조(공공시설 등의 귀속) ① 법 제25조제1항 전단에서 "대통령령으로 정하는 시설"이란 다음 각 호의 시설을 말한다.

1. 공동묘지

2. 화장시설

3. 봉안시설

② 시행자는 법 제25조에 따라 공공시설 등의 귀속으로 그 권리에 변동이 있는 경우에는 관리청에 사업완료 통지를 한 후 지체 없이 등기를 촉탁하여야 한다.

[전문개정 2013. 12. 4.]

제16조(감독) 지정권자는 법 제23조제1항에 따라 지정 또는 승인을 취소한 때에는 지체 없이 다음 각 호의 사항을 관보에 고시하여야 한다. 〈개정 1994. 12. 23., 2008. 2. 29., 2010. 6. 15.〉

1. 개발계획 또는 사업의 명칭

2. 시행자의 명칭 및 주소와 대표자의 성명

3. 개발대상토지 또는 사업지구의 위치 및 면적

4. 처분의 내용 및 사유

제17조(택지정보체계 운영업무의 위탁) 국토교통부장관은 법 제22조의2제3항 전단에 따라 택지정보체계의 구축·운영에 관한 업무를 다음 각 호의 기관에 위탁한다. 〈개정 2021. 12. 28., 2025. 2. 7.〉

1. 「한국토지주택공사법」에 따른 한국토지주택공사
2. 「정부출연연구기관 등의 설립·운영 및 육성에 관한 법률」 제8조에 따라 설립된 국토연구원
3. 「한국국토정보공사법」에 따른 한국국토정보공사

[전문개정 2011. 8. 30.]

제17조의2(택지정보체계의 구축 및 운영) ① 국토교통부장관은 택지정보체계의 구축 및 운영을 위하여 5년 단위로 다음 각 호의 사항이 포함된 택지정보체계구축계획을 수립하여야 한다. 〈개정 2013. 3. 23.〉

1. 택지정보체계의 구축 및 운영을 위한 기본 정책방향
2. 택지정보체계의 개발·유지 및 관리
3. 택지정보체계와 관련된 컴퓨터·통신설비 등의 설치 및 관리
4. 택지정보체계와 관련된 데이터베이스의 구축·운영 및 보급
5. 택지정보체계와 관련된 정보의 수집 및 관리
6. 택지정보체계의 운영을 위한 사용자교육
7. 그 밖에 택지정보체계의 구축 및 운영에 필요한 사항

② 국토교통부장관은 택지정보체계에 의하여 구축되는 데이터베이스 등이 정확히 유지·관리될 수 있도록 택지정보체계의 구축, 자료

의 입력·유지·관리 등에 관한 기준을 수립할 수 있다. 〈개정 2013. 3. 23.〉

[본조신설 2011. 8. 30.]

제18조(권한의 위탁) ① 삭제 〈2010. 6. 15.〉

② 지정권자는 법 제30조제2항에 따라 다음 각 호의 권한을 시행자에게 위탁한다. 〈개정 2013. 12. 4.〉

1. 법 제9조제4항 본문에 따른 시행자의 성명, 사업의 종류와 수용할 토지등의 세부 목록을 그 토지등의 소유자 및 권리자에게 통지하는 권한

2. 법 제12조제2항에 따라 「공익사업을 위한 토지 등의 취득 및 보상에 관한 법률」 제20조제1항의 사업인정으로 보게 되는 경우 이를 토지소유자 및 관계인에게 통지하는 권한

3. 법 제16조제1항에 따른 준공검사에 관한 권한(시행자가 공공시행자인 경우로 한정한다)

③ 삭제 〈2006. 2. 24.〉

④ 삭제 〈2010. 6. 15.〉

⑤ 시행자가 제2항제3호에 따라 위탁받은 사항을 처리하였을 때에는 이를 국토교통부령으로 정하는 바에 따라 지정권자에게 보고하여야 한다. 〈개정 2013. 12. 4.〉

[전문개정 1984. 7. 16.]

[제목개정 2013. 12. 4.]

제18조의2(규제의 재검토) 국토교통부장관은 다음 각 호의 사항에 대하여 다음 각 호의 기준일을 기준으로 3년마다(매 3년이 되는 해

의 기준일과 같은 날 전까지를 말한다) 그 타당성을 검토하여 개선 등의 조치를 하여야 한다. 〈개정 2015. 8. 11.〉

1. 제6조의2에 따른 공공·민간 공동 택지개발사업의 시행요건: 2014년 1월 1일

2. 삭제 〈2023. 3. 7.〉

3. 제13조의3제9호 단서에 따른 공동주택 건설용지 전매 제한: 2015년 8월 1일

[본조신설 2013. 12. 30.]

제19조(과태료의 부과기준) 법 제35조제1항에 따른 과태료의 부과기준은 별표 2와 같다. 〈개정 2017. 12. 5.〉

[전문개정 2013. 1. 9.]

부칙 〈제10300호, 1981. 5. 1.〉

①(시행일) 이 영은 공포한 날로부터 시행한다.

②(택지공급가격등에 관한 특례) 주택건설촉진법 제6조의 규정에 의하여 등록한 주택건설업자가 1981년 1월 1일이전부터 소유한 토지를 시행자가 공공용지의취득및손실보상에관한특례법 또는 토지수용법상의 협의에 의하여 취득한 후 택지로 개발하여 당해 주택건설업자에게 공급하는 경우 공급방법은 수의계약에 의한다. 이 경우 수의계약에 의할 수 있는 공급면적의 비율과 그 공급가격은 택지조성원가이하로 되지 아니하는 범위안에서 건설부령으로 정하는 가격에 의할 수 있다.

부칙 〈제11235호, 1983. 10. 5.〉 (공공용지의취득및손실보상에관한특례법시행령등일부개정령)

①(시행일) 이 영은 공포한 날로부터 시행한다.

②및 ③생략

④(택지개발촉진법시행령의 개정에 따른 위탁수수료의 요율에 관한 경과조치) 이영 시행전에 지방자치단체가 아닌 시행자가 도지사 또는 시장·군수에게 위탁한 토지의 매수업무와 보상업무에 관한 위탁수수료의 요율은 종전의 규정에 의한다.

부칙 〈제11471호, 1984. 7. 16.〉

①(시행일) 이 영은 공포한 날로부터 시행한다.

②(경과조치) 이 영 시행당시 이미 주택건설촉진법에 의하여 설립된 주택조합으로서 건설부장관의 추천을 받은 주택조합에 대하여는 별표 2의 개정규정에 불구하고 종전의 규정에 의하여 택지를 공급한다.

부칙 〈제12070호, 1987. 2. 6.〉

①(시행일) 이 영은 공포한 날로부터 시행한다.

②(토지이용계획에 관한 경과조치) 이 영 시행전에 종전의 규정에 의하여 수립·시행한 토지이용계획은 이 영에 의하여 수립·시행된 것으로 본다.

③(협의에 응한 자에 대한 택지공급에 관한 경과조치) 이 영 시행전에 사업시행자가 이미 보상에 착수한 사업지구에 있어서는 공공용

지의취득및손실보상에관한특례법 또는 토지수용법에 의한 협의에 응하여 그가 소유하는 예정지구(수도권지역에 있는 예정지구를 말한다)안의 토지의 전부를 사업 시행자에게 양도한 자에 대한 택지의 공급에 대하여는 제13조의2제5항제4호의 개정규정에 불구하고 종전의 규정에 의한다.

부칙 〈제12799호, 1989. 9. 5.〉 (행정권한의위임및위탁에관한규정)

제1조 (시행일) 이 영은 공포한 날로부터 시행한다.

제2조 (다른 법령의 개정) ①내지 ③생략

④택지개발촉진법시행령중 다음과 같이 개정한다

제18조제1항 본문중 "건설부령이 정하는 면적미만의"를 "면적이 330만 제곱미터미만인"으로 한다.

⑤내지 ⑱생략

부칙 〈제13184호, 1990. 12. 18.〉 (행정권한의위임및위탁에관한규정)

제1조 (시행일) 이 영은 공포후 1월이 경과한 날부터 시행한다.

제2조 (다른 법령의 개정) ①내지 ⑨생략

⑩택지개발촉진법시행령중 다음과 같이 개정한다.

제18조제1항에 제3호 및 제4호를 각각 다음과 같이 신설한다.

3. 법 제18조제1항의 규정에 의한 택지의 공급승인

4. 법 제20조제4항의 규정에 의한 선수금의 승인

⑪내지 ⑱생략

부칙 〈제13353호, 1991. 4. 18.〉 (행정권한의위임및위탁에 관한규정)

제1조 (시행일) 이 영은 공포한 날부터 시행한다.

제2조 (다른 법령의 개정) ①내지 ⑪생략

⑫택지개발촉진법시행령중 다음과 같이 개정한다.

제18조 제1항을 다음과 같이 하고, 동조제3항중 "제1항제1호"를 "제1항제3호"로 한다.

①건설부장관은 법 제30조의 규정에 의하여 다음의 권한을 도지사(서울특별시장 및 직할시장을 포함한다. 이하 같다)에게 위임한다. 다만, 국가가 사업시행자인 경우에는 그러하지 아니하다.

1. 법 제8조제1항의 규정에 의한 면적이 30만제곱미터미만인 예정지구에 대한 택지개발계획의 승인에 관한 권한
2. 법 제8조제2항의 규정에 의한 면적이 30만제곱미터미만인 예정지구에 대한 택지개발계획의 승인고시에 관한 권한
3. 법 제9조제1항의 규정에 의한 면적이 330만제곱미터미만인 예정지구에 대한 택지개발사업 실시계획의 승인에 관한 권한
4. 법 제9조제2항의 규정에 의한 면적이 330만제곱미터미만인 예정지구에 대한 택지개발사업 실시계획의 승인고시 및 그 통지에 관한 권한
5. 법 제18조제1항의 규정에 의한 면적이 330만제곱미터미만인 예정지구에 대한 택지의 공급승인

6. 법 제20조제4항의 규정에 의한 면적이 330만제곱미터미만인 예정지구에 대한 선수금의 승인

⑬내지 ⑲생략

부칙 〈제13563호, 1991. 12. 31.〉 (행정권한의위임및위탁에관한규정)

제1조 (시행일) 이 영은 공포한 날부터 시행한다.

제2조 (다른 법령의 개정) ①내지 ⑤생략

⑥택지개발촉진법시행령중 다음과 같이 개정한다.

제18조제1항제1호 내지 제6호를 각각 제3호 내지 제8호로 하고, 동항에 제1호 및 제2호를 각각 다음과 같이 신설한다.

1. 면적이 30만제곱미터미만인 예정지구에 대한 법 제3조제2항 단서의 규정에 의한 경미한 사항의 변경지정

2. 면적이 30만제곱미터미만인 예정지구로서 법 제3조제4항의 규정에 의한 고시중 법 제3조제2항 단서의 규정에 의한 경미한 사항의 변경지정의 고시

⑦내지 ⑨생략

부칙 〈제13823호, 1992. 12. 31.〉 (행정권한의위임및위탁에관한규정)

제1조 (시행일) 이 영은 공포한 날부터 시행한다.

제2조 (다른 법령의 개정) ①내지 ④생략

⑤택지개발촉진법시행령중 다음과 같이 개정한다.

제18조제1항 단서를 다음과 같이 한다.

다만, 국가가 사업시행자인 경우에는 그러하지 아니하며, 택지개발사업시행구역이 2이상의 시 · 도에 걸쳐있는 경우에는 사업시행 면적이 넓은 지역의 도지사에게 위임하되, 그 수임기관인 도지사는 동 수임사무의 처리에 관하여 관련 도지사와 협의하여야 한다.

⑥내지 ⑩생략

부칙 〈제13964호, 1993. 8. 23.〉

①(시행일) 이 영은 공포한 날부터 시행한다.

②(토지이용계획에 관한 경과조치) 이 영 시행전에 종전의 규정에 의하여 수립 · 시행된 토지이용계획은 이 영에 의하여 수립 · 시행된 것으로 본다.

③(협의양도자에 대한 택지공급에 관한 적용례) 제13조의2제5항 제4호의 개정규정은 이 영 시행이후 법 제3조의 규정에 의하여 최초로 지정(지정한 예정지구를 변경하는 경우를 제외한다) · 고시하는 예정지구의 토지분부터 적용한다.

부칙 〈제14015호, 1993. 12. 6.〉 (행정권한의위임및위탁에 관한규정)

제1조 (시행일) 이 영은 공포한 날부터 시행한다.

제2조 (다른 법령의 개정) ①내지 ③생략

④택지개발촉진법시행령중 다음과 같이 개정한다.

제18조제1항 단서중 “다만, 국가가 사업시행자인 경우”를 “다만,

국가가 사업시행자인 경우 또는 국가의 계획 또는 조정이 필요한 지구로서 건설부장관이 필요하다고 인정하여 예정지구 지정시 그 뜻을 고시한 경우"로 하고, 동항제3호 및 제4호중 "30만제곱미터"를 각각 "60만제곱미터"로 하며, 동항제5호 내지 제8호를 각각 다음과 같이 한다.

5. 법 제9조제1항의 규정에 의한 택지개발사업실시계획의 승인에 관한 권한

6. 법 제9조제2항의 규정에 의한 택지개발사업실시계획의 승인고시 및 그 통지에 관한 권한

7. 법 제18조제1항의 규정에 의한 택지의 공급승인에 관한 권한

8. 법 제20조제4항의 규정에 의한 선수금의 승인에 관한 권한

⑤내지 ⑦생략

제3조 생략

부칙 〈제14447호, 1994. 12. 23.〉 (건설교통부와그소속기관직제)

제1조 (시행일) 이 영은 공포한 날부터 시행한다. 다만, 제13조제5항· 제70조·[별표 7]·[별표 9] 및 [별표 10]의 규정은 1995년 1월 1일부터 시행하고, 제71조 내지 제78조 및 [별표 11] 규정은 1995년 3월 1일부터 시행하되, 항로관제요원의 사전교육 및 직무적응훈련을 위하여 필요한 범위안에서 [별표 11]의 항공교통관계소공무원 정원중 78인(항공주사 50, 전무주사 5, 항공주사보 17, 전무주사보 4, 전무서기 2)을 1994년 9월 9일부터, 나머지 정원 70인

(3급 1, 4급 1, 5급 5, 6급 21, 7급 21, 8급 14, 기능직 7인)은 1995년 1월 1일부터 각각 1995년 2월 28일까지 각각 건설교통부의 공무원 정원으로 본다.

제2조 내지 제4조 생략

제5조 (다른 법령의 개정) ①내지 〈93〉생략

〈94〉택지개발촉진법시행령중 다음과 같이 개정한다.

제4조제1항, 제7조제1항, 제8조제1항 · 제3항 · 제5항 · 제6항, 제11조의2제1항 · 제2항, 제13조, 제16조 및 제18조제1항 · 제2항 · 제4항중 “건설부장관”을 각각 “건설교통부장관”으로 하고, 제2조, 제6조제5항, 제7조제4항, 제11조의2제1항 및 제13조의2제5항중 “건설부령”을 각각 “건설교통부령”으로 한다.

〈95〉내지 〈205〉생략

부칙 〈제14508호, 1994. 12. 31.〉 (행정권한의위임및위탁에관한규정)

제1조 (시행일) 이 영은 공포한 날부터 시행한다.

제2조 (다른 법령의 개정) ①및 ②생략

③택지개발촉진법시행령중 다음과 같이 개정한다.

제18조 제1항제1호 및 제2호중 “30만 제곱미터”를 각각 “60만 제곱미터”로 한다.

④및 ⑤생략

부칙 〈제14723호, 1995. 7. 6.〉

이 영은 공포한 날부터 시행한다.

부칙 〈제14915호, 1996. 2. 15.〉 (한국토지공사법시행령)

제1조 (시행일) 이 영은 공포한 날부터 시행한다.

제2조 (다른 법령의 개정) ① 내지⑨생략

⑩택지개발촉진법시행령중 다음과 같이 개정한다.

제17조제1항중 "한국토지개발공사"를 "한국토지공사"로 한다.

⑪내지 ㉛생략

부칙 〈제15483호, 1997. 9. 23.〉 (고등학교이하각급학교설립・운영규정)

제1조 (시행일) 이 영은 공포한 날부터 시행한다.

제2조 및 제3조 생략

제4조 (다른 법령의 개정) ①생략

②택지개발촉진법시행령중 다음과 같이 개정한다.

제7조 제4항제2호중 "학교시설・설비기준령"을 "고등학교이하각급학교설립・운영규정"으로 한다.

③생략

제5조 생략

부칙 〈제16395호, 1999. 6. 11.〉

①(시행일) 이 영은 공포한 날부터 시행한다.

②(유치원시설의 설치면적 변경에 관한 적용례) 제7조제4항제2호

의 개정규정은 이 영 시행 후 최초로 건축허가를 신청하는 건축물부터 적용한다.

③(협의양도시 수의계약에 의한 택지공급지역의 확대에 관한 적용례)제13조의2제5항제4호의 개정규정은 이 영 시행후 최초로 택지개발계획이 승인되는 택지개발예정지구부터 적용한다.

④(예정지구안에서의 토지소유기준일의 변경에 관한 경과조치) 이 영 시행당시 종전의 규정에 의하여 지구지정이 고시된 예정지구 또는 법률 제5688호 부칙 제3조의 규정에 의하여 주민등의 의견청취가 면제되는 예정지구안에서의 토지소유기준일에 있어서는 제13조의2제5항제4호 및 제5호의 개정규정에 불구하고 종전의 규정에 의한다.

부칙 〈제16891호, 2000. 7. 1.〉 (도시계획법시행령)

제1조 (시행일) 이 영은 2000년 7월 1일부터 시행한다. 〈단서 생략〉

제2조 내지 제11조 생략

제12조 (다른 법령의 개정) ①내지 ㉗생략

㉘택지개발촉진법시행령중 다음과 같이 개정한다.

제8조제6항제8호중 "상세계획"을 "지구단위계획"으로 하고, 동조 제8항중 "도시계획법 제13조"를 "도시계획법 제26조"로, "지적고시승인신청"을 "지형도면승인신청"으로, "지적고시"를 "지형도면고시"로 한다.

㉙내지 ㊲생략

제13조 생략

부칙 〈제17296호, 2001. 7. 7.〉 (학원의설립·운영및과외교습에관한법률시행령)

제1조 (시행일) 이 영은 2001년 7월 8일부터 시행한다.

제2조 (다른 법령의 개정) ①내지 ⑪생략

⑫택지개발촉진법시행령중 다음과 같이 개정한다.

제7조제4항제2호 나목중 "학원의설립·운영에관한법률시행령"을 "학원의설립·운영및과외교습에관한법률시행령"으로 한다.

⑬생략

제3조 생략

부칙 〈제17310호, 2001. 7. 18.〉

①(시행일) 이 영은 공포한 날부터 시행한다.

②(택지개발예정지구의 지정제안시 제출서류에 관한 적용례) 제4조의2제1항제8호 및 제9호의 개정규정은 이 영 시행후 최초로 택지개발예정지구의 지정을 제안하는 때에 제출하는 서류부터 적용한다.

③(주택건설사업자 등에 대한 택지의 공급방법에 관한 적용례) 제13조의2제5항제5호 및 제5호의2의 개정규정은 이 영 시행후 최초로 택지개발계획의 승인을 신청하는 택지개발예정지구부터, 동항제5호의3의 개정규정은 이 영 시행후 최초로 택지개발예정지구안에서 해당 구역의 세부개발계획이 공모에 의하여 선정되는 택지개발예정지구부터 적용한다.

부칙 〈제17816호, 2002. 12. 26.〉 (국토의계획및이용에관한

법률시행령)

제1조 (시행일) 이 영은 2003년 1월 1일부터 시행한다.

제2조 내지 제15조 생략

제16조 (다른 법령의 개정) ①내지 〈61〉생략

〈62〉택지개발촉진법시행령중 다음과 같이 개정한다.

제8조제6항제8호중 "도시계획법령에 의한 지구단위계획"을 "국토의계획및이용에관한법령에 의한 제1종지구단위계획"으로 하고, 동조제8항중 "도시계획"을 "도시관리계획"으로, "도시계획법 제26조"를 "국토의계획및이용에관한법률 제32조"로 한다.

〈63〉내지 〈73〉생략

제17조 생략

부칙 〈제17854호, 2002. 12. 30.〉 (공익사업을위한토지등의취득및보상에관한법률시행령)

제1조 (시행일) 이 영은 2003년 1월 1일부터 시행한다.

제2조 내지 제6조 생략

제7조 (다른 법령의 개정) ①내지 ㉘생략

㉙택지개발촉진법시행령중 다음과 같이 개정한다.

제13조의2제5항제4호·제5호 및 제5호의2중 "공공용지의취득및손실보상에관한특례법 또는 토지수용법"을 각각 "공익사업을위한토지등의취득및보상에관한법률"로 한다.

제13조의2제5항제4호중 "토지수용법 제2조제2항"을 "공익사업을위한토지등의취득및보상에관한법률 제3조"로 한다.

제18조제2항제2호중 "토지수용법 제14조"를 "공익사업을위한토지등의취득및보상에관한법률 제20조제1항"으로 한다.

㉚내지 ㊳생략

제8조 생략

부칙 〈제17999호, 2003. 6. 13.〉

제1조 (시행일) 이 영은 공포한 날부터 시행한다.

제2조 (택지개발계획승인신청서의 첨부서류에 관한 적용례) 제7조제2항의 개정규정은 이 영 시행후 최초로 개발계획의 승인을 신청하는 분부터 적용한다.

제3조 (위탁수수료에 관한 적용례) 제12조제2항의 개정규정은 이 영 시행후 최초로 토지매수업무 및 손실보상업무를 위탁하는 분부터 적용한다.

제4조 (택지의 공급방법에 관한 적용례) 제13조의2제5항의 개정규정은 이 영 시행후 최초로 법 제18조의 규정에 의하여 택지공급의 승인을 신청하는 분부터 적용한다.

제5조 (토지이용계획에 관한 경과조치) 2003년 1월 28일 이전에 종전의 규정에 의하여 택지개발계획의 승인을 얻은 예정지구에 대하여는 제7조제4항제1호 및 제2호의 개정규정에 불구하고 종전의 규정에 의한다.

제6조 (다른 법령의 개정) 환경·교통·재해등에관한영향평가법시행령중 다음과 같이 개정한다.

별표 1 제1호 가목 (6)의 평가서제출시기 또는 협의요청시기란을 다음과 같이 한다.

택지개발촉진법 제9조제1항의 규정에 의한 택지개발사업실시계획의 승인전

부칙 〈제18039호, 2003. 6. 30.〉 (산업집적활성화및공장설립에관한법률시행령)

제1조 (시행일) 이 영은 2003년 7월 1일부터 시행한다.

제2조 내지 제4조 생략

제5조 (다른 법령의 개정) ①내지 ㉟생략

㊱택지개발촉진법시행령중 다음과 같이 개정한다.

제2조제3호 가목중 "공업배치및공장설립에관한법률"을 "산업집적활성화및공장설립에관한법률"로 한다.

㊲내지 ㊸생략

제6조 생략

부칙 〈제18146호, 2003. 11. 29.〉 (주택법시행령)

제1조 (시행일) 이 영은 2003년 11월 30일부터 시행한다. 〈단서생략〉

제2조 내지 제14조 생략

제15조 (다른 법령의 개정) ①내지 ㊿생략

〈51〉택지개발촉진법시행령중 다음과 같이 개정한다.

제13조의2제1항중 "주택건설촉진법시행령 제30조제1항"을 "주택법시행령 제3조"로 하고, 동조제2항제2호중 "주택건설촉진법 제33

조"를 "주택법 제16조"로 하며, 동조제5항제1호중 "주택건설촉진법"을 "주택법"으로 하고, 동항제5호중 "주택건설촉진법 제6조"를 "주택법 제9조"로 하며, 동항제5호의2중 "주택건설촉진법 제44조"를 "주택법 제32조"로 한다.

제13조의2제7항중 "주택건설촉진법 제33조"를 "주택법 제16조"로 한다.

〈52〉내지 〈54〉생략

부칙 〈제18734호, 2005. 3. 8.〉

①(시행일) 이 영은 2005년 3월 9일부터 시행한다.

②(공동주택 건설용지의 국민주택채권 매입에 관한 적용례) 제13조의2제8항 및 제9항의 개정규정은 이 영 시행후 최초로 택지공급의 공고(선수금을 받는 경우에는 선수금 수령승인을 말하며, 수의계약의 방법으로 공급받는 경우에는 공급신청을 말한다)를 하는 택지부터 적용한다.

부칙 〈제19355호, 2006. 2. 24.〉

①(시행일) 이 영은 공포한 날부터 시행한다.

②(경과조치) 이 영 시행 당시 예정지구의 지정에 관한 주민 등의 의견청취를 위한 공고가 이루어진 택지개발예정지구의 택지의 우선공급에 관하여는 제13조의2제5항의 개정규정에 불구하고 종전의 규정에 의한다. 〈개정 2007. 7. 30.〉

부칙 〈제19503호, 2006. 6. 7.〉 (토지이용규제 기본법 시행령)

제1조 (시행일) 이 영은 2006년 6월 8일부터 시행한다. 〈단서 생략〉

제2조 내지 제4조 생략

제5조 (다른 법령의 개정) ①내지 ⑥생략

⑦택지개발촉진법 시행령 일부를 다음과 같이 개정한다.

제6조를 다음과 같이 한다.

제6조 (행위허가의 대상 등) ①법 제6조제1항에 따라 관할 시장(특별시장 및 광역시장을 포함한다. 이하 같다)·군수의 허가를 받아야 하는 행위는 다음 각 호와 같다.

1. 건축물의 건축 등 : 「건축법」 제2조제1항제2호에 따른 건축물(가설건축물을 포함한다)의 건축, 대수선 또는 용도변경
2. 공작물의 설치 : 인공을 가하여 제작한 시설물(「건축법」 제2조제1항제2호에 따른 건축물을 제외한다)의 설치
3. 토지의 형질변경 : 절토·성토·정지·포장 등의 방법으로 토지의 형상을 변경하는 행위, 토지의 굴착 또는 공유수면의 매립
4. 토석의 채취 : 흙·모래·자갈·바위 등의 토석을 채취하는 행위. 다만, 토지의 형질변경을 목적으로 하는 것은 제3호에 따른다.
5. 토지분할
6. 물건을 쌓아놓는 행위 : 이동이 용이하지 아니한 물건을 1월 이상 쌓아놓는 행위
7. 죽목의 벌채 및 식재

②시장·군수는 법 제6조제1항에 따라 제1항 각 호의 행위에 대한 허가를 하고자 하는 경우로서 법 제7조에 따라 택지개발사업

시행자(이하 "시행자"라 한다)가 지정되어 있는 경우에는 미리 그 시행자의 의견을 들어야 한다.

③법 제6조제2항제2호에서 "그 밖에 대통령령이 정하는 행위"라 함은 다음 각 호의 어느 하나에 해당하는 행위로서 「국토의 계획 및 이용에 관한 법률」 제56조에 따른 개발행위허가의 대상이 아닌 것을 말한다.

1. 농림수산물의 생산에 직접 이용되는 것으로서 건설교통부령이 정하는 간이공작물의 설치

2. 경작을 위한 토지의 형질변경

3. 예정지구의 개발에 지장을 주지 아니하고 자연경관을 손상하지 아니하는 범위 안에서의 토석의 채취

4. 예정지구 안에 존치하기로 결정된 대지 안에서 물건을 쌓아놓는 행위

5. 관상용 죽목의 임시식재(경작지에서의 임시식재를 제외한다)

④법 제6조제3항에 따라 신고하여야 하는 자는 예정지구의 지정·고시가 있은 날부터 30일 이내에 그 공사 또는 사업의 진행상황과 시행계획을 첨부하여 관할 시장·군수에게 신고하여야 한다.

⑧내지 ⑪생략

제6조 내지 제8조 생략

부칙 〈제20021호, 2007. 4. 20.〉 (대도시권 광역교통관리에 관한 특별법 시행령)

제1조 (시행일) 이 영은 공포한 날부터 시행한다.

제2조 생략

제3조 (다른 법령의 개정) 택지개발촉진법 시행령 일부를 다음과 같이 개정한다.

제4조의2제1항제8호에 단서를 다음과 같이 신설한다.

다만, 「대도시권 광역교통관리에 관한 특별법」 제7조의3에 따른 사전검토서를 제출하는 경우를 제외한다.

부칙 〈제20207호, 2007. 7. 30.〉

제1조 (시행일) 이 영은 공포한 날부터 시행한다.

제2조 (주택건설사업자에 대한 수의계약에 의한 택지의 공급에 관한 경과조치) 이 영 시행 당시 법 제3조의3에 따라 주민 등의 의견청취를 위하여 공고를 한 예정지구에서 공급하는 택지의 수의계약에 따른 공급에 관하여는 제13조의2제5항제5호의 개정규정에도 불구하고 종전의 규정에 따른다.

제3조 (다른 법령의 개정) 대도시권 광역교통관리에 관한 특별법 시행령 일부를 다음과 같이 개정한다.

별표 2의 「택지개발촉진법」의 수립시기란을 다음과 같이 한다.

「택지개발촉진법」 제9조에 따른 택지개발사업실시계획의 승인 이전까지. 다만, 2007년 7월 20일 이전에 같은 법 제3조의3에 따라 주민 등의 의견청취를 위하여 공고를 한 예정지구의 경우에는 종전의 같은 법(법률 제8384호로 개정되기 전의 것) 제8조에 따른 택지개발계획의 승인 이전까지

부칙 〈제20523호, 2008. 1. 3.〉

제1조 (시행일) 이 영은 공포한 날부터 시행한다.

제2조 (공공·민간 공동 택지개발사업의 시행요건에 관한 적용례) 제6조의2제2항제3호의 개정규정은 이 영 시행 후 최초로 예정지구의 지정을 제안하는 분부터 적용한다.

부칙 〈제20722호, 2008. 2. 29.〉 (국토해양부와 그 소속기관 직제)

제1조(시행일) 이 영은 공포한 날부터 시행한다. 다만, 부칙 제6조에 따라 개정되는 대통령령 중 이 영의 시행 전에 공포되었으나 시행일이 도래하지 아니한 대통령령을 개정한 부분은 각각 해당 대통령령의 시행일부터 시행한다.

제2조 부터 제5조까지 생략

제6조(다른 법령의 개정) ① 부터 〈101〉 까지 생략

〈102〉 택지개발촉진법 시행령 일부를 다음과 같이 개정한다.

제2조제1호, 제4조의2제1항제8호 본문·제9호, 제6조제3항제1호, 제11조의2제1항제7호, 제13조의2제3항·제5항제1호·제4호·제5호 각 목 외의 부분 본문·제5호의2·제7호의2 각 목 외의 부분·같은 호 나목·제6항제4호의2, 제13조의3제2호, 제17조제2항 및 제18조제5항 중 "건설교통부령"을 각각 "국토해양부령"으로 한다.

제2조제3호라목, 제3조의2, 제4조의2제1항 각 호 외의 부분 전단, 제5조제1항·제4항·제6항 각 호 외의 부분·제7항, 제6조의2제1항, 제6조의3제2항 전단·제4항, 제6조의4제2항 각 호 외의 부

분, 제7조제2항 각 호 외의 부분·제3항 전단·제5항, 제8조제1항 각 호 외의 부분·제3항 본문·제5항·제6항 각 호 외의 부분·제9항, 제9조의3제3항, 제11조의2제1항 각 호 외의 부분·제2항, 제13조의2제5항제5호의3·제7항, 제13조의4제1항·제2항, 제16조 각 호 외의 부분, 제17조제1항 및 제18조제1항 각 호 외의 부분 본문·같은 항 각 호 외의 부분 단서·제2항 각 호 외의 부분·제5항 중 "건설교통부장관"을 각각 "국토해양부장관"으로 한다.

제13조의2제5항제7호의2 각 목 외의 부분 중 "산업자원부장관"을 "지식경제부장관"으로 한다.

〈103〉 부터 〈138〉 까지 생략

부칙 〈제20791호, 2008. 5. 26.〉 (장사등에관한법률시행령)

제1조 (시행일) 이 영은 공포한 날부터 시행한다.

제2조 및 제3조 생략

제4조(다른 법령의 개정) ① 부터 ⑯ 까지 생략

⑰ 택지개발촉진법 시행령 일부를 다음과 같이 개정한다.

제15조제1항제2호 및 제3호를 각각 다음과 같이 한다.

2. 화장시설

3. 봉안시설

부칙 〈제20969호, 2008. 8. 12.〉

제1조(시행일) 이 영은 공포한 날부터 시행한다.

제2조(택지개발계획 수립을 위한 제출서류 협의 등에 관한 경과조치)

이 영 시행 당시 개발계획의 수립을 위한 서류제출을 요구받은 경우에는 제7조제3항의 개정규정에도 불구하고 종전의 규정에 따른다.

부칙 〈제21025호, 2008. 9. 22.〉 (군사기지 및 군사시설 보호법 시행령)

제1조(시행일) 이 영은 공포한 날부터 시행한다.

제2조 및 제3조 생략

제4조(다른 법령의 개정) ① 부터 ㉓ 까지 생략

㉔ 택지개발촉진법 시행령 일부를 다음과 같이 개정한다.

제3조 각 호 외의 부분 단서 중 "「군사시설보호법」제4조의 규정에 의하여 군사시설보호구역등으로 설정된 지역, 「군용항공기법」에 의한 군용항공기지의 구역, 「해군기지법」에 의한 해군기지의 구역"을 "「군사기지 및 군사시설 보호법」 제4조에 따라 지정된 군사기지 및 군사시설 보호구역"으로 한다.

㉕ 및 ㉖ 생략

부칙 〈제21135호, 2008. 11. 26.〉

이 영은 공포한 날부터 시행한다.

부칙 〈제21215호, 2008. 12. 31.〉 (행정정보의 공동이용 및 문서감축을 위한 개별소비세법 시행령 등 일부개정령)

이 영은 공포한 날부터 시행한다.

부칙 〈제21445호, 2009. 4. 21.〉 (보금자리주택건설 등에 관한 특별법 시행령)

제1조(시행일) 이 영은 공포한 날부터 시행한다. 〈단서 생략〉

제2조(다른 법령의 개정) ① 부터 ⑳ 까지 생략

㉑ 택지개발촉진법 시행령 일부를 다음과 같이 개정한다.

제4조의2제4항제1호 단서 중 “국민임대주택”을 “「보금자리주택건설 등에 관한 특별법」 제2조제1호에 따른 보금자리주택(이하 "보금자리주택"이라 한다)”으로 하고, 같은 항 제3호 중 “국민임대주택”을 “보금자리주택”으로 한다.

㉒ 부터 ㉔ 까지 생략

제3조 생략

부칙 〈제21559호, 2009. 6. 25.〉

제1조(시행일) 이 영은 공포한 날부터 시행한다.

제2조(공공시행자의 공동사업 수용여부 통고 기간에 관한 적용례) 제6조의3제2항의 개정규정은 이 영 시행 후 주택건설 등 사업자가 공공시행자에게 요청하는 분부터 적용한다.

제3조(택지의 전매행위 제한의 특례에 관한 적용례) 제13조의3제9호의 개정규정은 이 영 시행 후 전매하는 분부터 적용한다.

부칙 〈제21626호, 2009. 7. 7.〉 (규제일몰제 적용을 위한 옥외광고물 등 관리법 시행령 등 일부개정령)

이 영은 공포한 날부터 시행한다.

부칙 〈제21887호, 2009. 12. 15.〉 (농어촌정비법 시행령)

제1조(시행일) 이 영은 공포한 날부터 시행한다. 〈단서 생략〉

제2조 부터 제10조까지 생략

제11조(다른 법령의 개정) ① 부터 ㉛ 까지 생략

㉜ 택지개발촉진법 시행령 일부를 다음과 같이 개정한다.

제3조 각 호 외의 부분 단서 중 "「농어촌정비법」 제14조의 규정에 의하여"를 "「농어촌정비법」 제13조에 따라"로 한다.

㉝ 부터 ㊳ 까지 생략

제12조 생략

부칙 〈제22151호, 2010. 5. 4.〉 (전자정부법 시행령)

제1조(시행일) 이 영은 2010년 5월 5일부터 시행한다.

제2조 및 제3조 생략

제4조(다른 법령의 개정) ① 부터 〈170〉 까지 생략

〈171〉 택지개발촉진법 시행령 일부를 다음과 같이 개정한다.

제4조의2제2항, 제6조의3제4항 후단 및 제8조제2항 각 호 외의 부분 후단 중 "「전자정부법」 제21조제1항"을 각각 "「전자정부법」 제36조제1항"으로 한다.

〈172〉 부터 〈192〉 까지 생략

부칙 〈제22210호, 2010. 6. 15.〉

제1조(시행일) 이 영은 2010년 6월 30일부터 시행한다.

제2조(보육시설 설치계획 수립에 관한 적용례) 제7조제4항제2호나목

의 개정규정은 이 영 시행 후 최초로 개발계획을 수립하는 지구부터 적용한다.

제3조(권한의 위임 또는 위탁에 관한 경과조치) 이 영 시행 전에 택지개발예정지구로 지정된 지구와 택지개발예정지구 지정을 제안한 지구에 대한 권한의 위임 또는 위탁에 관하여는 제18조의 개정규정에도 불구하고 종전의 규정에 따른다.

부칙 〈제23113호, 2011. 8. 30.〉

제1조(시행일) 이 영은 공포한 날부터 시행한다. 다만, 제6조의4의 개정규정은 2011년 8월 31일부터 시행한다.

제2조(다른 법령의 개정) ① 국토해양부와 그 소속기관 직제 일부를 다음과 같이 개정한다.

제11조제3항제42호 중 "택지개발예정지구"를 "택지개발지구"로 한다.

② 대도시권 광역교통관리에 관한 특별법 시행령 일부를 다음과 같이 개정한다.

제9조의2제2항, 같은 조 제3항제5호 및 제6호 중 "택지개발예정지구"를 각각 "택지개발지구"로 한다.

③ 소득세법 시행령 일부를 다음과 같이 개정한다.

제168조의3제1항제4호 각 목 외의 부분 전단 중 "택지개발예정지구"를 "택지개발지구"로 한다.

④ 옥외광고물 등 관리법 시행령 일부를 다음과 같이 개정한다.

제32조의2제1항제5호 중 "택지개발예정지구"를 "택지개발지구"로

한다.

⑤ 자연재해대책법 시행령 일부를 다음과 같이 개정한다.

제16조제1항제11호 중 "「택지개발촉진법」 제2조제3호의 규정에 의한 택지개발예정지구"를 "「택지개발촉진법」 제2조제3호에 따른 택지개발지구"로 한다.

⑥ 조세특례제한법 시행령 일부를 다음과 같이 개정한다.

제66조제12항제1호 및 제74조제2항제2호 중 "택지개발예정지구"를 각각 "택지개발지구"로 한다.

제99조의3제1항 중 "「택지개발촉진법」 제3조의 규정에 의하여 택지개발예정지구로"를 "「택지개발촉진법」 제3조에 따라 택지개발지구로"로 한다.

⑦ 주택건설기준 등에 관한 규정 일부를 다음과 같이 개정한다.

제12조제1항제8호 중 "택지개발예정지구"를 "택지개발지구"로 한다.

⑧ 주택법 시행령 일부를 다음과 같이 개정한다.

제108조제3항제2호 중 "택지개발예정지구"를 "택지개발지구"로 한다.

부칙 〈제23356호, 2011. 12. 8.〉 (영유아보육법 시행령)

제1조(시행일) 이 영은 2011년 12월 8일부터 시행한다. 〈단서 생략〉

제2조(다른 법령의 개정) ①부터 〈52〉까지 생략

〈53〉 택지개발촉진법 시행령 일부를 다음과 같이 개정한다.

제7조제4항제1호 후단, 같은 항 제2호 각 목 외의 부분 및 같은 호 가목1) 중 "보육시설"을 각각 "어린이집"으로 하고, 같은 호 나목1) 및 2) 외의 부분 중 "보육시설"을 각각 "어린이집"으로 한다.

〈54〉 생략

부칙 〈제23385호, 2011. 12. 21.〉

제1조(시행일) 이 영은 공포한 날부터 시행한다.

제2조(택지의 공급방법에 관한 적용례) 제13조의2제5항제8호 및 제9호의 개정규정은 이 영 시행 후 최초로 택지공급의 계약을 체결하는 경우부터 적용한다.

부칙 〈제23718호, 2012. 4. 10.〉 (국토의 계획 및 이용에 관한 법률 시행령)

제1조(시행일) 이 영은 2012년 4월 15일부터 시행한다. 〈단서 생략〉

제2조 부터 제13조까지 생략

제14조(다른 법령의 개정) ①부터 〈75〉까지 생략

〈76〉 택지개발촉진법 시행령 일부를 다음과 같이 개정한다.

제8조제7항제8호 중 "제1종지구단위계획"을 "지구단위계획"으로 하고, 같은 조 제9항 중 "도시관리계획"을 "도시·군관리계획"으로 한다.

〈77〉부터 〈85〉까지 생략

제15조 생략

부칙 <제23755호, 2012. 4. 27.> (대도시권 광역교통 관리에 관한 특별법 시행령)

제1조(시행일) 이 영은 공포한 날부터 시행한다.

제2조(다른 법령의 개정) ①부터 ⑧까지 생략

⑨ 택지개발촉진법 시행령 일부를 다음과 같이 개정한다.

제4조의2제1항제8호 단서 중 "「대도시권 광역교통관리에 관한 특별법」"을 "「대도시권 광역교통 관리에 관한 특별법」"으로 한다.

부칙 <제24018호, 2012. 8. 3.> (아동복지법 시행령)

제1조(시행일) 이 영은 2012년 8월 5일부터 시행한다.

제2조 부터 제5조까지 생략

제6조(다른 법령의 개정) ①부터 ⑫까지 생략

⑬ 택지개발촉진법 시행령 일부를 다음과 같이 개정한다.

제7조제4항제2호나목1) 중 "「아동복지법」 제16조제1항제8호"를 "「아동복지법」 제52조제1항제7호"로 한다.

제7조 생략

부칙 <제24306호, 2013. 1. 9.>

제1조(시행일) 이 영은 공포한 날부터 시행한다.

제2조(과태료에 관한 경과조치) ① 이 영 시행 전의 위반행위에 대하여 과태료의 부과기준을 적용할 때에는 별표의 개정규정에도 불구하고 종전의 규정에 따른다.

② 이 영 시행 전의 위반행위로 받은 과태료 부과처분은 별표의

개정규정에 따른 위반행위의 횟수 산정에 포함하지 아니한다.

부칙 〈제24443호, 2013. 3. 23.〉 (국토교통부와 그 소속기관 직제)

제1조(시행일) 이 영은 공포한 날부터 시행한다. 〈단서 생략〉

제2조 부터 제5조까지 생략

제6조(다른 법령의 개정) ①부터 〈88〉까지 생략

〈89〉 택지개발촉진법 시행령 일부를 다음과 같이 개정한다.

제2조제1호, 제4조의2제1항제8호 · 제9호, 제6조제3항제1호, 제6조의4제2항제9호, 같은 조 제5항, 제11조의2제1항제7호, 제13조의2제3항, 같은 조 제5항제1호 · 제4호, 같은 항 제5호 각 목 외의 부분 본문, 같은 항 제5호의2, 같은 항 제7호의2 각 목 외의 부분, 같은 호 나목, 같은 항 제8호 · 제9호, 같은 조 제6항제4호의2, 제13조의3제2호 및 제18조제5항 중 "국토해양부령"을 각각 "국토교통부령"으로 한다.

제2조제3호바목, 제3조의2, 제6조의2제1항, 제6조의3제2항 전단, 제6조의5제2항 각 호 외의 부분, 제7조제5항, 제9조의3제3항, 제13조의2제5항제5호의3, 같은 조 제7항, 제17조의2제1항 각 호 외의 부분 및 같은 조 제2항 중 "국토해양부장관"을 각각 "국토교통부장관"으로 한다.

제13조의2제5항제7호의2 각 목 외의 부분 중 "지식경제부장관"을 "산업통상자원부장관"으로 한다.

〈90〉부터 〈146〉까지 생략

부칙 〈제24907호, 2013. 12. 4.〉

제1조(시행일) 이 영은 공포한 날부터 시행한다.

제2조(유치원·어린이집용지에 관한 적용례) 제7조제4항제2호의 개정규정은 이 영 시행 후 개발계획을 수립하거나 변경하는 경우부터 적용한다.

부칙 〈제25050호, 2013. 12. 30.〉 (행정규제기본법 개정에 따른 규제 재검토기한 설정을 위한 주택법 시행령 등 일부개정령)

이 영은 2014년 1월 1일부터 시행한다. 〈단서 생략〉

부칙 〈제25339호, 2014. 4. 29.〉 (공공주택건설 등에 관한 특별법 시행령)

제1조(시행일) 이 영은 공포한 날부터 시행한다.

제2조(다른 법령의 개정) ①부터 ㉗까지 생략

㉘ 택지개발촉진법 시행령 일부를 다음과 같이 개정한다.

제4조의2제4항제1호 단서 중 “「보금자리주택건설 등에 관한 특별법」 제2조제1호에 따른 보금자리주택(이하 "보금자리주택"이라 한다)”을 “「공공주택건설 등에 관한 특별법」 제2조제1호에 따른 공공주택(이하 "공공주택"이라 한다)”으로 하고, 같은 항 제3호 중 “보금자리주택”을 “공공주택”으로 한다.

㉙ 및 ㉚ 생략

제3조 생략

부칙 〈제25501호, 2014. 7. 21.〉
이 영은 공포한 날부터 시행한다.

부칙 〈제25523호, 2014. 7. 28.〉 (부동산 거래신고에 관한 법률 시행령)
제1조(시행일) 이 영은 2014년 7월 29일부터 시행한다.
제2조 생략
제3조(다른 법령의 개정) ①부터 ③까지 생략
④ 택지개발촉진법 시행령 일부를 다음과 같이 개정한다.
제13조의2제5항제5호나목 중 "「공인중개사의 업무 및 부동산 거래신고에 관한 법률」 제27조"를 "「부동산 거래신고에 관한 법률」 제3조"로 한다.
제4조 생략

부칙 〈제26485호, 2015. 8. 11.〉
제1조(시행일) 이 영은 공포한 날부터 시행한다.
제2조(택지의 전매행위 제한의 특례에 관한 적용례) 제13조의3제9호 단서의 개정규정은 이 영 시행 이후 공급을 공고하는 공동주택건설용지부터 적용한다.

부칙 〈제26633호, 2015. 11. 11.〉
이 영은 공포한 날부터 시행한다.

부칙 〈제26749호, 2015. 12. 22.〉 (주거기본법 시행령)

제1조(시행일) 이 영은 2015년 12월 23일부터 시행한다.

제2조 생략

제3조(다른 법령의 개정) ①부터 ③까지 생략

④ 택지개발촉진법 시행령 일부를 다음과 같이 개정한다.

제4조의2제4항제3호 및 제13조의2제5항제8호 각 목 외의 부분 중 "「주택법」 제84조에 따른 주택정책심의위원회"를 각각 "「주거기본법」 제8조에 따른 주거정책심의위원회"로 한다.

제4조 생략

부칙 〈제27444호, 2016. 8. 11.〉 (주택법 시행령)

제1조(시행일) 이 영은 2016년 8월 12일부터 시행한다.

제2조 부터 제6조까지 생략

제7조(다른 법령의 개정) ①부터 〈68〉까지 생략

〈69〉 택지개발촉진법 시행령 일부를 다음과 같이 개정한다.

제4조의2제3항 중 "「주택법」 제9조"를 "「주택법」 제4조"로 한다.

제6조의2제2항제2호 중 "「주택법」 제12조"를 "「주택법」 제7조"로 한다.

제6조의3제5항 단서 중 "「주택법」 제16조"를 "「주택법」 제15조"로 한다.

제13조의2제1항 중 "「주택법」 제2조제3호"를 "「주택법」 제2조제6호"로 하고, 같은 조 제2항제2호 중 "「주택법」 제16조"를 "「주택법」 제15조"로 하며, 같은 조 제5항제5호 각 목 외의 부분 본문 중

“「주택법」 제9조”를 “「주택법」 제4조”로 하고, 같은 항 제6호 중 “「주택법」 제32조”를 “「주택법」 제11조”로 한다.

제13조의3제6호 중 “「주택법」 제9조”를 “「주택법」 제4조”로 하고, 같은 조 제8호의2 중 “「주택법」 제16조”를 “「주택법」 제15조”로 한다.

〈70〉부터 〈75〉까지 생략

제8조 생략

부칙 〈제27793호, 2017. 1. 17.〉 (부동산 거래신고 등에 관한 법률 시행령)

제1조(시행일) 이 영은 2017년 1월 20일부터 시행한다.

제2조 및 제3조 생략

제4조(다른 법령의 개정) ①부터 ⑪까지 생략

⑫ 택지개발촉진법 시행령 일부를 다음과 같이 개정한다.

제13조의2제5항제5호나목 중 “「부동산 거래신고에 관한 법률」 제3조”를 “「부동산 거래신고 등에 관한 법률」 제3조”로 한다.

제5조 생략

부칙 〈제28460호, 2017. 12. 5.〉

이 영은 공포한 날부터 시행한다.

부칙 〈제28554호, 2017. 12. 29.〉

제1조(시행일) 이 영은 공포한 날부터 시행한다.

제2조(택지의 전매행위 제한의 특례에 관한 경과조치) 이 영 시행 전에 시행자가 택지 공급의 공고(제13조의2제3항 및 제5항에 해당하는 경우로서 택지 공급의 공고를 하지 아니한 경우에는 공급계약을 말한다)를 한 경우 해당 택지의 전매행위 제한의 특례에 대해서는 제13조의3의 개정규정에도 불구하고 종전의 규정에 따른다.

부칙 〈제30826호, 2020. 7. 7.〉

제1조(시행일) 이 영은 공포한 날부터 시행한다.

제2조(택지의 전매행위 제한의 특례에 관한 적용례 및 경과조치) ① 제13조의3제10호의 개정규정은 이 영 시행 이후 공동주택 건설용지를 전매하는 경우부터 적용한다.

② 이 영 시행 전에 시행자가 택지 공급의 공고(제13조의2제3항 및 제5항에 해당하는 경우로서 택지 공급의 공고를 하지 않은 경우에는 공급계약의 체결을 말한다)를 한 경우 해당 택지의 전매행위 제한의 특례에 대해서는 제13조의3제9호의2가목의 개정규정에도 불구하고 종전의 규정에 따른다.

부칙 〈제31221호, 2020. 12. 8.〉 (소프트웨어 진흥법 시행령)

제1조(시행일) 이 영은 2020년 12월 10일부터 시행한다.

제2조 부터 제7조까지 생략

제8조(다른 법령의 개정) ①부터 ⑲까지 생략

⑳ 택지개발촉진법 시행령 일부를 다음과 같이 개정한다.

제2조제3호나목3) 중 "「소프트웨어산업 진흥법」 제5조"를 "「소프

트웨어 진흥법」 제11조”로 한다.

제9조 생략

부칙 〈제31380호, 2021. 1. 5.〉 (어려운 법령용어 정비를 위한 473개 법령의 일부개정에 관한 대통령령)

이 영은 공포한 날부터 시행한다. 〈단서 생략〉

부칙 〈제31444호, 2021. 2. 17.〉 (조세특례제한법 시행령)

제1조(시행일) 이 영은 공포한 날부터 시행한다. 〈단서 생략〉

제2조 부터 제20조까지 생략

제21조(다른 법령의 개정) ①부터 ⑩까지 생략

⑪ 택지개발촉진법 시행령 일부를 다음과 같이 개정한다.

제13조의3제10호 중 “「법인세법」 제51조의2제1항제9호”를 “「조세특례제한법」 제104조의31제1항”으로 한다.

⑫ 생략

부칙 〈제31634호, 2021. 4. 20.〉

제1조(시행일) 이 영은 공포한 날부터 시행한다.

제2조(다른 법령의 개정) ① 산업입지 및 개발에 관한 법률 시행령 일부를 다음과 같이 개정한다.

제42조의3제5항 중 “「택지개발촉진법 시행령」 제13조의2제1항부터 제7항까지의 규정”을 “「택지개발촉진법 시행령」 제13조의2제1항부터 제9항까지의 규정”으로 한다.

② 새만금사업 추진 및 지원에 관한 특별법 시행령 일부를 다음과 같이 개정한다.

제31조의21제2항제1호 중 "「택지개발촉진법 시행령」 제13조의2제5항제7호"를 "「택지개발촉진법 시행령」 제13조의2제7항제7호"로 한다.

③ 한국토지주택공사법 시행령 일부를 다음과 같이 개정한다.

제35조제2항제1호 중 "「택지개발촉진법 시행령」 제13조의2제5항제7호"를 "「택지개발촉진법 시행령」 제13조의2제7항제7호"로 한다.

④ 혁신도시 조성 및 발전에 관한 특별법 시행령 일부를 다음과 같이 개정한다.

제17조제4항 중 "「택지개발촉진법 시행령」 제13조의2제2항"을 "「택지개발촉진법 시행령」 제13조의2제2항부터 제5항까지의 규정"으로 한다.

부칙 〈제32271호, 2021. 12. 28.〉

제1조(시행일) 이 영은 공포한 날부터 시행한다.

제2조(택지의 공급방법에 관한 경과조치) ① 이 영 시행 전에 시행자가 제13조제8항에 따라 공급공고를 한 택지의 공급방법에 관하여는 제13조의2제2항 후단 및 같은 조 제5항제1호의 개정규정에도 불구하고 종전의 규정에 따른다.

② 이 영 시행 전에 지정권자가 법 제3조제6항에 따라 지정 고시한 택지개발지구에서 조성한 택지의 공급방법에 관하여는 제13조의2제7항의 개정규정에도 불구하고 종전의 규정에 따른다.

제3조(택지의 전매행위 제한의 특례에 관한 경과조치) 이 영 시행 전에 시행자가 공급공고를 한 택지의 전매행위 제한의 특례에 관하여는 제13조의3의 개정규정에도 불구하고 종전의 규정에 따른다.

부칙 〈제33023호, 2022. 12. 6.〉 (도서관법 시행령)

제1조(시행일) 이 영은 2022년 12월 8일부터 시행한다.

제2조 부터 제4조까지 생략

제5조(다른 법령의 개정) ①부터 ㉓까지 생략

㉔ 택지개발촉진법 시행령 일부를 다음과 같이 개정한다.

제7조제4항제2호나목2) 및 같은 호 다목3) 중 "「도서관법」 제2조제4호바목"을 각각 "「도서관법」 제4조제2항제1호나목"으로 한다.

㉕ 생략

제6조 생략

부칙 〈제33321호, 2023. 3. 7.〉 (규제 재검토기한 정비를 위한 55개 법령의 일부개정에 관한 대통령령)

이 영은 공포한 날부터 시행한다.

부칙 〈제33893호, 2023. 11. 28.〉

제1조(시행일) 이 영은 공포한 날부터 시행한다.

제2조(택지의 전매행위 제한의 특례에 관한 적용례) 제13조의3 각 호 외의 부분 단서, 같은 조 제8호의2 및 제9호의3의 개정규정은 이 영 시행 이후 전매하는 경우부터 적용한다.

부칙 〈제34657호, 2024. 7. 2.〉 (벤처기업육성에 관한 특별법 시행령)

제1조(시행일) 이 영은 2024년 7월 10일부터 시행한다. 〈단서 생략〉

제2조(다른 법령의 개정) ①부터 ㊾까지 생략

㊿ 택지개발촉진법 시행령 일부를 다음과 같이 개정한다.

제2조제3호나목1) 중 “「벤처기업육성에 관한 특별조치법」”을 “「벤처기업육성에 관한 특별법」”으로 한다.

〈51〉부터 〈55〉까지 생략

제3조 생략

부칙 〈제35246호, 2025. 2. 7.〉 (한국국토정보공사법 시행령)

제1조(시행일) 이 영은 2025년 2월 21일부터 시행한다.

제2조 생략

제3조(다른 법령의 개정) ①부터 ⑯까지 생략

⑰ 택지개발촉진법 시행령 일부를 다음과 같이 개정한다.

제17조제3호를 다음과 같이 한다.

3. 「한국국토정보공사법」에 따른 한국국토정보공사

⑱부터 ⑳까지 생략

부칙 〈제35604호, 2025. 6. 25.〉

이 영은 공포한 날부터 시행한다.

부칙 〈제35811호, 2025. 10. 1.〉 (정부조직 개편 반영을 위

한 306개 법령의 일부개정에 관한 대통령령)

이 영은 공포한 날부터 시행한다. 다만, 이 영에 따라 개정되는 대통령령 중 이 영 시행 전에 공포되었으나 시행일이 도래하지 아니한 대통령령을 개정한 부분은 각각 해당 대통령령의 시행일부터 시행한다.

별표 / 서식

[별표 1] 시설부담금의 산정방식·부과방법 및 면제대상(제9조의3 제3항 관련)

[별표 2] 과태료의 부과기준(제19조 관련)

택지개발촉진법 시행규칙

[시행 2021. 8. 27.] [국토교통부령 제882호, 2021. 8. 27., 타법개정]

**개정 예정 법률 밑줄 별도 표시.

택지개발촉진법 시행규칙

[시행 2021. 8. 27.] [국토교통부령 제882호, 2021. 8. 27., 타법개정]

제1조(목적) 이 규칙은 「택지개발촉진법」 및 동법 시행령에서 위임된 사항과 그 시행에 관하여 필요한 사항을 규정함을 목적으로 한다. 〈개정 2005. 3. 9.〉

제2조(공공시설의 범위) ①「택지개발촉진법 시행령」(이하 "영"이라 한다) 제2조제1호에서 "주거생활의 편익을 위하여 이용되는 시설로서 국토교통부령이 정하는 시설"이란 다음 각 호의 시설을 말한다. 〈개정 2005. 3. 9., 2008. 3. 14., 2010. 6. 15., 2013. 3. 23., 2015. 11. 18.〉

1. 운동시설
2. 삭제 〈2015. 11. 18.〉
3. 삭제 〈2015. 11. 18.〉
4. 일반목욕장
5. 종교집회장
6. 보육시설

② 영 제2조제3호나목4)에서 "국토교통부령으로 정하는 시설"이란 다음 각 호의 시설을 말한다. 〈신설 2015. 11. 18.〉

1. 「산업집적활성화 및 공장설립에 관한 법률」 제2조제9호에 따른 산업집적기반시설

2. 「산업집적활성화 및 공장설립에 관한 법률」제2조제13호에 따른 지식산업센터

③ 영 제2조제3호바목에서 "국토교통부령으로 정하는 시설"이란 다음 각 호의 시설을 말한다. 〈신설 2015. 11. 18.〉

1. 원예시설

2. 첨단농업시설

3. 「농업협동조합법」 제2조에 따른 조합 및 중앙회의 시설

4. 그 밖에 농업연구 관련 시설

제3조(택지개발지구의 지정제안) 영 제4조의2제1항의 규정에 의한 택지개발지구의 지정제안서는 별지 제1호서식과 같다. 〈개정 2011. 8. 30.〉

[제목개정 2011. 8. 30.]

제3조의2(광역교통체계 검토대상 및 환경성 검토자료) ①영 제4조의2제1항제8호에서 "국토교통부령이 정하는 면적"이라 함은 100만제곱미터를 말한다. 〈개정 2008. 3. 14., 2013. 3. 23.〉

②영 제4조의2제1항제9호에서 "국토교통부령이 정하는 자료"라 함은 다음 각호의 자료를 말한다. 〈개정 2008. 3. 14., 2011. 8. 30., 2013. 3. 23.〉

1. 택지개발지구의 식생, 그 주변지역의 개발현황 등 생태적 특성에 관한 자료

2. 택지개발지구의 오염도 및 오염원 현황

3. 택지개발사업의 시행으로 인한 생태계 등 자연환경 및 대기질 · 수질 · 토양 · 폐기물 · 소음 · 진동 · 악취 등 생활환경에 미치는 영향예측 및 저감대책

4. 그밖에 환경성 검토에 필요한 당해 택지개발지구의 특성

[본조신설 2001. 8. 7.]

제4조(택지개발지구의 조사) ①「택지개발촉진법」(이하 "법"이라 한다) 제4조제2항에 따라 지정권자로부터 택지개발지구로 지정될 토지의 조사 명령을 받은 택지개발사업시행자는 그 대상토지의 조사를 마친 때에는 별지 제2호서식의 택지개발지구조사서를 지정권자에게 제출하여야 한다. 〈개정 2005. 3. 9., 2008. 3. 14., 2010. 6. 15., 2011. 8. 30.〉

②제1항에 따른 택지개발지구조사서에는 다음 각 호의 서류 및 도면을 첨부하여야 한다. 〈개정 2008. 3. 14., 2010. 6. 15., 2011. 8. 30., 2012. 4. 13.〉

1. 도시 · 군계획도(도시 · 군계획도가 없는 지역의 경우에는 축척 2만5천분의 1이상인 지형도)에 대상토지의 위치를 표시하여 작성한 도면

2. 축척 5천분의 1이상인 지형도에 대상토지의 토지이용현황과 지장물 현황을 명시하여 작성한 도면

3. 대상토지의 전체를 찍은 사진

4. 그 밖에 지정권자가 특히 필요하다고 인정하여 요구하는 도서

[제목개정 2011. 8. 30.]

제5조(간이공작물) 영 제6조제3항제1호에서 "국토교통부령이 정하는

간이공작물"이라 함은 다음 각 호의 공작물을 말한다. 〈개정 2008. 3. 14., 2013. 3. 23., 2015. 11. 18.〉

1. 비닐하우스

2. 양잠장

3. 고추, 잎담배, 김 등 농림수산물의 건조장

4. 버섯재배사

5. 종묘배양장

6. 퇴비장

7. 탈곡장

8. 그 밖에 제1호 내지 제7호와 유사한 것으로서 국토교통부장관이 정하여 관보에 고시하는 공작물

[전문개정 2006. 6. 7.]

제6조(공공시행자의 주택건설등 사업자 선정절차 등) ① 공공시행자는 영 제6조의4제1항에 따라 공모(公募)에 의한 경쟁을 통하여 주택건설등 사업자를 선정하려는 경우에 다음 각 호의 사항을 공고하여야 한다.

1. 사업의 개요(사업명, 사업의 목적, 위치, 면적, 기간 등을 포함한다)

2. 공모신청 자격

3. 사업계획서의 제출기간 및 방법 등 공모신청 요령

4. 사업계획서에 관한 평가항목 및 기준

5. 사업계획서 작성 지침

6. 그 밖에 공모 참가에 필요한 사항

② 공공시행자는 제1항에 따라 주택건설등 사업자를 공모에 의한 경쟁을 통하여 선정하려는 경우에는 다음 각 호의 사항을 종합적으로 고려하여 주택건설등 사업자의 사업계획서 내용을 평가하여야 한다.

1. 사업 수행능력 및 사업 수행실적
2. 사업 수행계획
3. 신용도 및 자금조달계획
4. 그 밖에 평가에 필요한 사항

③ 영 제6조의4제3항에 따른 총사업비의 항목별 구체적 산정기준과 적용방법은 국토교통부장관이 정하여 고시한다. 〈개정 2013. 3. 23.〉

④ 제1항부터 제3항까지의 규정 외에 주택건설등 사업자의 공모 시기, 공고방법 등 선정절차에 필요한 사항은 국토교통부장관이 따로 정한다. 〈개정 2013. 3. 23.〉

[본조신설 2011. 8. 30.]

[종전 제6조는 제6조의3으로 이동 〈2011. 8. 30.〉]

제6조의2(공공시행자와 주택건설등 사업자 간 협약 내용) 영 제6조의4제2항제9호에서 "국토교통부령으로 정하는 사항"이란 다음 각 호의 사항을 말한다. 〈개정 2013. 3. 23.〉

1. 토지의 취득 및 보상에 관한 사항
2. 이주대책 및 생활대책에 관한 사항
3. 영 제6조의4제2항에 따른 협약의 해지에 관한 사항
4. 그 밖에 공동 택지개발사업의 시행에 필요한 사항

[본조신설 2011. 8. 30.]

제6조의3(택지개발사업의 대행신청) ①영 제6조의5제2항에 따른 택

지개발사업의 대행신청서는 별지 제3호서식과 같다. 〈개정 2007. 7. 30., 2011. 8. 30.〉

②제1항의 규정에 의한 택지개발사업의 대행신청서에는 다음 각 호의 서류 및 도면을 첨부하여야 한다.

1. 축척 2만5천분의 1의 위치도
2. 사업계획서
3. 자금조달계획서
4. 기타 사업시행자가 요구하는 서류

[제6조에서 이동 〈2011. 8. 30.〉]

제7조(택지개발계획의 개요) ①법 제8조제1항제1호에 따른 개발계획의 개요에는 다음 각 호의 사항이 포함되어야 한다. 〈개정 2007. 7. 30.〉

1. 수용될 인구 및 주택에 관한 계획
2. 집단에너지의 공급에 관한 계획
3. 교통에 관한 계획
4. 대상토지의 단계별 조성에 관한 계획
5. 연차별 자금투자 및 재원조달에 관한 계획
6. 관할 시장·군수 또는 구청장(자치구의 구청장에 한한다)의 의견 및 이의 반영여부에 관한 사항

②법 제8조제1항제1호에 따른 개발계획의 개요에는 축척 2만5천분의 1 이상인 지형도에 개발계획에 관련된 대상토지의 인근지역 현황을 표시한 개략도를 첨부하여야 한다. 〈개정 2007. 7. 30.〉

③ 영 제7조제4항제1호에 따른 주택(단독주택 및 공동주택을 말

한다)을 건축하기 위한 용지에는 그 용지면적의 100분의 20 이상의 범위에서 공동주택건설용지를 계획하여야 하고, 공동주택건설용지 면적의 100분의 40 이상의 범위에서 「주택법」 제2조제6호에 따른 국민주택규모 이하의 주택건설을 위한 용지를 계획하여야 한다. 이 경우, 공동주택의 종류별 · 지역별 · 규모별 배분비율 등에 관한 세부기준은 국토교통부장관이 따로 정한다. 〈신설 2008. 12. 31., 2010. 6. 15., 2013. 3. 23., 2016. 8. 12.〉

제8조 삭제 〈2003. 6. 14.〉

제9조(계획평면도의 작성) 영 제8조제3항제3호에 따른 계획평면도는 축척 500분의 1 또는 1천500분의 1인 지형도에 법 제8조제1항제3호에 따른 토지이용에 관한 계획을 명시하여 작성하여야 한다. 〈개정 2007. 7. 30., 2011. 8. 30.〉

제10조(택지의 공급방법 등) ① 시행자는 공동주택건설호수의 100분의 20 이상을 건설할 수 있는 범위에서 임대주택건설용지를 확보 · 공급하여야 한다. 이 경우, 공동주택의 종류별 · 임대기간별 · 규모별 배분비율 등에 관한 세부기준은 국토교통부장관이 따로 정한다. 〈신설 2008. 12. 31., 2013. 3. 23., 2015. 11. 18.〉

②영 제13조의2제3항에서 "국토교통부령이 정하는 특정시설용지"라 함은 다음 각 호의 시설용지를 말한다. 〈신설 2005. 3. 9., 2007. 7. 30., 2008. 3. 14., 2008. 12. 31., 2011. 8. 30., 2013. 1. 15., 2013. 3. 23., 2016. 8. 12.〉

1. 학교시설용지 및 의료시설용지

2. 「공익사업을 위한 토지 등의 취득 및 보상에 관한 법률」에 따

른 이주대책의 실시에 따라 공급하는 주택건설용지

2의2. 「공익사업을 위한 토지 등의 취득 및 보상에 관한 법률」에 따라 해당 택지개발사업과 관련하여 토지·물건 및 권리(「공익사업을 위한 토지 등의 취득 및 보상에 관한 법률」 제3조에 따른 토지·물건 및 권리를 말하며, 이하 "토지등"이라 한다)에 대한 보상을 받은 자에게 생활안정을 지원하기 위하여 공급하는 시설용지

3. 「주택법」 제63조에 따라 지정된 투기과열지구 등 투기가 우려되는 지역에서 주택시장의 안정을 위하여 국토교통부장관이 정하는 기준에 따라 공급하는 주택건설용지

4. 해당 택지개발사업과 관련하여 보상의 대상이 되는 토지등 전부를 협의에 의하여 양도하고 「공익사업을 위한 토지 등의 취득 및 보상에 관한 법률」 제15조에 따른 보상계획에 포함된 자연인으로서 보상금을 국토교통부장관이 정하는 기준에 따라 금융기관에 예치하는 자에게 공급하는 시설용지

5. 면적이 330만제곱미터 이상인 택지개발지구에서 「외국인투자 촉진법」 제2조제4호에 따른 외국인투자를 촉진하기 위하여 외국인 주거단지로 계획한 주택건설용지

③영 제13조의2제5항제1호에서 "국토교통부령이 정하는 공공기관"이란 다음 각호의 기관을 말한다. 〈신설 2005. 3. 9., 2008. 3. 14., 2008. 12. 31., 2010. 6. 15., 2011. 8. 30., 2013. 3. 23., 2016. 8. 12.〉

1. 「한국토지주택공사법」에 따라 설립된 한국토지주택공사

2. 「지방공기업법」 제49조의 규정에 의하여 주택사업을 목적으로

설립된 지방공사

3. 「주택법」 제2조제10호에 따른 사업주체중 다른 법률에 의하여 설립된 법인으로서 임대주택을 건설하고자 하는 기관

④영 제13조의2제5항제4호에서 "국토교통부령이 정하는 면적"이라 함은 1천제곱미터를 말한다. 〈개정 2008. 3. 14., 2008. 12. 31., 2013. 3. 23.〉

⑤시행자는 영 제13조의2제5항제4호에 따라 택지를 수의계약으로 공급할 때에는 1세대당 1필지를 기준으로 하여 1필지당 140제곱미터 이상 265제곱미터 이하의 규모로 공급하여야 한다. 다만, 해당 택지개발지구의 단독주택건설용지를 각 필지로 분할한 후 남은 단독주택건설용지의 규모가 140제곱미터 미만인 경우로서 계획여건상 불가피한 경우에는 그러하지 아니하다. 〈개정 2003. 6. 14., 2005. 3. 9., 2006. 2. 24., 2007. 7. 30., 2008. 12. 31., 2011. 8. 30., 2015. 11. 18.〉

⑥영 제13조의2제5항제5호 본문에서 "국토교통부령이 정하는 면적"이라 함은 다음의 산식에 의하여 산정한 면적을 말한다. 〈신설 2001. 8. 7., 2005. 3. 9., 2008. 3. 14., 2008. 12. 31., 2013. 3. 23.〉

주택건설사업자가 소유하던 토지의 면적 - 주택건설사업자가 소유하던 토지의 면적× {해당 사업지구의 기반시설면적(「국토의 계획 및 이용에 관한 법률」 제2조제6호에 따른 기반시설의 면적을 말한다)/해당 사업지구의 총면적}

⑦영 제13조의2제5항제6호에서 "국토교통부령이 정하는 면적"이

라 함은 다음의 산식에 의하여 산정한 면적을 말한다. 이 경우 산식을 산정할 때에 세대당 주택공급면적이 다른 경우에는 그 면적별로 해당 조합원수를 각각 곱하여 합산하는 방식으로 산정한다. 〈개정 2008. 12. 31., 2013. 3. 23., 2015. 11. 18.〉

$$\frac{\text{영 제5조제2항의 규정에 의한 공고일 현재 당해 주택조합의 조합원수} \times \text{「주택공급에 관한 규칙」에의한 세대당 주택공급면적}}{\text{백분율로 표시된 용적률} / 100} + \text{당해 주택건설에 따른 부대시설 및 복리시설의 소요면적} \times 1.1$$

⑧영 제13조의2제5항제8호 각 목 외의 부분에서 “국토교통부령이 정하는 면적”이라 함은 다음 각호의 면적을 말한다. 〈신설 2005. 3. 9., 2008. 3. 14., 2008. 12. 31., 2013. 1. 15., 2013. 3. 23., 2015. 11. 18.〉

1. 주택건설용지 : 공동주택 건설용지의 10퍼센트를 초과하지 아니하는 범위안에서 다음의 산식에 의하여 산정한 면적

{산업단지내 종업원수의 50퍼센트 × 당해 사업지구 공동주택의 평균 평형} ÷ 당해 사업지구 공동주택의 평균 용적률

2. 학교시설용지 : 「고등학교 이하 각급 학교 설립·운영 규정」에 따른 시설·설비기준에 적합한 면적

⑨영 제13조의2제5항제8호나목에서 “국토교통부령이 정하는 첨단업종”이라 함은 「산업집적활성화 및 공장설립에 관한 법률 시행령」 별표 4에 해당하는 업종을 말한다. 〈신설 2005. 3. 9., 2008. 3. 14., 2008. 12. 31., 2013. 1. 15., 2013. 3. 23., 2015. 11. 18.〉

⑩ 영 제13조의2제5항제9호 및 제10호에서 “국토교통부령으로 정하는 면적”이란 각각 택지로 보상을 받기로 결정된 권리 가액의

130퍼센트에 해당하는 면적을 말한다. 〈신설 2011. 12. 21., 2013. 3. 23., 2015. 11. 18.〉

제11조(택지조성원가의 산정방법 등) ①법 제18조의2제1항제7호에서 "그 밖에 국토교통부령으로 정하는 비용"이란 다음 각 호의 비용을 말한다. 〈신설 2007. 7. 30., 2008. 3. 14., 2011. 8. 30., 2013. 3. 23.〉

1. 용지부담금
2. 기반시설 설치비
3. 자본비용
4. 택지개발사업과 관련하여 발생하는 그 밖의 비용

②법 제18조의2제2항에 따른 택지조성원가의 산정은 별표의 택지조성원가산정표에 의한다. 〈개정 2006. 2. 24., 2007. 7. 30.〉

③ 택지를 공급하려는 자가 법 제18조의2제1항에 따라 택지조성원가를 공시하려는 경우에는 별표에 따라 산정한 택지조성원가를 항목별로 택지를 공급하려는 자의 인터넷 홈페이지나 일간신문 등에 공시하여야 한다. 〈신설 2008. 8. 13.〉

④영 제13조의2제6항제4호의2에서 "국토교통부령이 정하는 택지조성원가"라 함은 별표의 택지조성원가산정표에 따른 조성원가 항목별 총액과 단위면적당 단가를 말한다. 〈신설 2006. 2. 24., 2007. 7. 30., 2008. 3. 14., 2008. 8. 13., 2013. 3. 23.〉

[제목개정 2008. 8. 13.]

제11조의2(택지의 전매행위 제한의 특례) 영 제13조의3제2호에서 "국토교통부령으로 정하는 용지"란 「공익사업을 위한 토지 등의 취

득 및 보상에 관한 법률」에 따라 해당 택지개발사업과 관련하여 토지등에 대한 보상을 받은 자에게 생활안정을 지원하기 위하여 공급하는 시설용지를 말한다. 〈개정 2008. 3. 14., 2013. 3. 23.〉

[본조신설 2007. 7. 30.]

제12조(검사공무원의 증표) 법 제24조의 규정에 의하여 택지개발사업에 관한 업무를 검사하는 공무원의 그 권한을 표시하는 증표는 별지 제4호서식과 같다.

제13조(위임ㆍ위탁사무 처리의 보고) ① 삭제 〈2010. 6. 15.〉

②시행자는 영 제18조제2항제3호(시행자가 법 제7조제1항제2호에 해당하는 경우에 한정한다)에 따라 지정권자로부터 위탁받은 사항을 처리한 때에는 영 제18조제5항에 따라 해당 준공보고서를 15일 이내에 지정권자에게 제출하여야 한다. 〈개정 2006. 2. 24., 2010. 6. 15.〉

부칙 〈제196호, 1999. 6. 11.〉

이 규칙은 공포한 날부터 시행한다.

부칙 〈제292호, 2001. 8. 7.〉

①(시행일) 이 규칙은 공포한 날부터 시행한다.

②(택지조성원가의 산정에 관한 적용례) 택지조성원가의 산정에 관한 별표의 개정규정은 이 규칙 시행후 최초로 택지개발계획승인을 신청하는 예정지구부터 적용한다.

부칙 〈제359호, 2003. 6. 14.〉

이 규칙은 공포한 날부터 시행한다.

부칙 〈제429호, 2005. 3. 9.〉

이 규칙은 2005년 3월 9일부터 시행한다.

부칙 〈제500호, 2006. 2. 24.〉

①(시행일) 이 규칙은 공포한 날부터 시행한다.

②(경과조치) 이 규칙 시행 당시 지정·고시된 택지개발예정지구의 택지공급에 대하여는 제10조제5항의 개정규정에 불구하고 종전의 규정에 의한다.

부칙 〈제516호, 2006. 6. 7.〉 (토지이용규제 기본법 시행규칙)

제1조 (시행일) 이 규칙은 2006년 6월 8일부터 시행한다.

제2조 (다른 법령의 개정) ①내지 ⑥생략

⑦택지개발촉진법 시행규칙 일부를 다음과 같이 개정한다.

제5조를 다음과 같이 한다.

제5조 (간이공작물) 영 제6조제3항제1호에서 "건설교통부령이 정하는 간이공작물"이라 함은 다음 각 호의 공작물을 말한다.

1. 비닐하우스
2. 양잠장
3. 고추, 엽연초, 김 등 농림수산물의 건조장

4. 버섯재배사

5. 종묘배양장

6. 퇴비장

7. 탈곡장

8. 그 밖에 제1호 내지 제7호와 유사한 것으로서 건설교통부장관이 정하여 관보에 고시하는 공작물

⑧내지 ⑪생략

제3조 생략

부칙 〈제551호, 2007. 3. 19.〉 (주민등록번호 보호 및 행정서류용 사진규격 통일을 위한 개발이익환수에 관한 법률 시행규칙 등 일부개정령)

이 규칙은 공포한 날부터 시행한다.

부칙 〈제573호, 2007. 7. 30.〉

제1조 (시행일) 이 규칙은 공포한 날부터 시행한다.

제2조 (보상금 예치자에 대한 시설용지의 공급방법에 관한 적용례) 제10조제1항제4호의 개정규정은 이 규칙 시행 후 최초로 「공익사업을 위한 토지 등의 취득 및 보상에 관한 법률」 제15조에 따라 보상계획을 공고 또는 통지하는 택지개발예정지구부터 적용한다.

제3조 (협의양도자에 대한 택지공급에 관한 적용례) 제10조제4항의 개정규정은 이 규칙 시행 후 최초로 실시계획의 승인을 신청하는 택지개발예정지구부터 적용한다.

제4조 (택지조성원가의 산정에 관한 적용례) 제11조제1항 및 별표의 개정규정은 이 규칙 시행 후 최초로 영 제13조의2제6항에 따라 택지공급을 위하여 공고를 하는 것부터 적용한다.

부칙 〈제4호, 2008. 3. 14.〉 (정부조직법의 개정에 따른 감정평가에 관한 규칙 등 일부 개정령)

이 규칙은 공포한 날부터 시행한다.

부칙 〈제42호, 2008. 8. 13.〉

제1조(시행일) 이 규칙은 공포한 날부터 시행한다.

제2조(택지조성원가의 산정에 관한 적용례) 별표의 개정규정은 이 규칙 시행 후 최초로 실시계획을 승인받는 사업지구부터 적용한다.

부칙 〈제86호, 2008. 12. 31.〉

제1조(시행일) 이 규칙은 공포한 날부터 시행한다.

제2조(적용례) 제10조제2항의 개정규정은 이 규칙 시행 후 최초로 실시계획의 승인을 신청하는 택지개발예정지구부터 적용한다.

부칙 〈제110호, 2009. 3. 26.〉 (행정정보의 공동이용 및 문서감축을 위한 건축물의 분양에 관한 법률 시행규칙 등 일부개정령)

이 규칙은 공포한 날부터 시행한다.

부칙 〈제248호, 2010. 6. 15.〉

제1조(시행일) 이 규칙은 2010년 6월 30일부터 시행한다.
제2조(공공시설의 범위 등에 관한 적용례) 제2조제6호 및 제7조제3항의 개정규정은 이 규칙 시행 후 최초로 개발계획을 수립하는 택지개발예정지구부터 적용한다.

부칙 〈제376호, 2011. 8. 30.〉
제1조(시행일) 이 규칙은 2011년 8월 31일부터 시행한다.
제2조(다른 법령의 개정) ① 국토의 계획 및 이용에 관한 법률 시행규칙 일부를 다음과 같이 개정한다.
제5조 각 호 외의 부분 중 "택지개발예정지구"를 "택지개발지구"로 한다.
② 국토해양부와 그 소속기관 직제 시행규칙 일부를 다음과 같이 개정한다.
제7조제13항제4호 및 제13호 중 "택지개발예정지구"를 각각 "택지개발지구"로 한다.

부칙 〈제416호, 2011. 12. 21.〉
이 규칙은 공포한 날부터 시행한다.

부칙 〈제456호, 2012. 4. 13.〉 (국토의 계획 및 이용에 관한 법률 시행규칙)
제1조(시행일) 이 규칙은 2012년 4월 15일부터 시행한다. 〈단서 생략〉

제2조 생략

제3조(다른 법령의 개정) ①부터 ⑳까지 생략

㉑ 택지개발촉진법 시행규칙 일부를 다음과 같이 개정한다.

제4조제2항제1호 중 “도시계획도”를 각각 “도시·군계획도”로 한다.

㉒ 및 ㉓ 생략

부칙 〈제558호, 2013. 1. 15.〉

이 규칙은 공포한 날부터 시행한다.

부칙 〈제1호, 2013. 3. 23.〉 (국토교통부와 그 소속기관 직제 시행규칙)

제1조(시행일) 이 규칙은 공포한 날부터 시행한다. 〈단서 생략〉

제2조 부터 제5조까지 생략

제6조(다른 법령의 개정) ①부터 〈111〉까지 생략

〈112〉 택지개발촉진법 시행규칙 일부를 다음과 같이 개정한다.

제2조 각 호 외의 부분, 제3조의2제1항, 같은 조 제2항 각 호 외의 부분, 제5조 각 호 외의 부분, 제6조의2 각 호 외의 부분, 제10조제2항 각 호 외의 부분, 같은 조 제3항 각 호 외의 부분, 같은 조 제4항, 같은 조 제6항 산식 외의 부분, 같은 조 제7항 산식 외의 부분 전단, 같은 조 제8항 각 호 외의 부분, 같은 조 제9항·제10항, 제11조제1항 각 호 외의 부분, 같은 조 제4항 및 제11조의2 중 “국토해양부령”을 각각 “국토교통부령”으로 한다.

제5조제8호, 제6조제3항·제4항, 제7조제3항 후단 및 제10조제1항 후단, 같은 조 제2항제3호·제4호, 별표 비고, 별지 제1호서식 및 별지 제4호서식 뒤쪽 중 "국토해양부장관"을 각각 "국토교통부장관"으로 한다.

별지 제4호서식 앞쪽 중 "국토해양부"를 "국토교통부"로 한다.

〈113〉부터 〈126〉까지 생략

부칙 〈제249호, 2015. 11. 18.〉

이 규칙은 공포한 날부터 시행한다.

부칙 〈제353호, 2016. 8. 12.〉 (주택법 시행규칙)

제1조(시행일) 이 규칙은 2016년 8월 12일부터 시행한다. 〈단서 생략〉

제2조 생략

제3조(다른 법령의 개정) ①부터 ⑯까지 생략

⑰ 택지개발촉진법 시행규칙 일부를 다음과 같이 개정한다.

제7조제3항 전단 중 "「주택법」 제2조제3호"를 "「주택법」 제2조제6호"로 한다.

제10조제2항제3호 중 "「주택법」 제41조의 규정에 의하여"를 "「주택법」 제63조에 따라"로 하고, 같은 조 제3항제3호 중 "「주택법」 제2조제7호"를 "「주택법」 제2조제10호"로 한다.

제5조 생략

부칙 〈제882호, 2021. 8. 27.〉 (어려운 법령용어 정비를 위

한 80개 국토교통부령 일부개정령)

이 규칙은 공포한 날부터 시행한다. <단서 생략>

별표 / 서식

[별표] 택지조성원가 산정표(제11조제2항 관련)

[별지 제1호서식] 택지개발지구의 지정제안서

[별지 제2호서식] 택지개발지구조사서

[별지 제3호서식] 택지개발사업의 대행신청서

[별지 제4호서식] 검사공무원증

대한민국 법령 시리즈 171

택지개발촉진법

법 령 / 시 행 령 / 시 행 규 칙

2025년 11월 3일 인쇄 정가 16,000원
2025년 11월 13일 발행

편 저 편집부
디 자 인 송영미
발 행 인 조준형
발 행 처 해광출판사

http://www.hgbookpub.com
E-mail : munbookcokr@naver.com
주 소 부산광역시 중구 해관로 41-1 (중앙동2가)
전화번호 (051) 253-0001 팩스 (051) 245-1187

등 록 제 2012-000005호

해광출판사에서는 여러분의 소중한 원고와 함께 할 기회를 기다리고 있습니다. 책으로 엮을 원고나 아이디어가 있으신 분들은 이메일 munbookcokr@naver.com로 책에 대한 간단한 개요와 원고 전체 또는 일부를 연락처와 함께 보내주십시오.

ISBN 979-11-6881-905-4

※ 법령 출처 : 법제처 국가법령정보센터
※ 본 도서는 〈공공데이터 제공 및 이용 활성화에 관한 법률〉을 근거로 출판되었습니다.

해광출판사 대한민국 법령 시리즈

001. 선원법
002. 어선법
003. 선박직원법
004. 해사안전기본법
005. 해양환경관리법
006. 선박의 입항 및 출항등에 관한 법률
007. 학교안전사고예방 및 보상에 관한 법률
008. 종합부동산세법
009. 방위사업법
010. 행정규제기본법
011. 식품산업진흥법
012. 위험물안전관리법
013. 화재의 예방 및 안전관리에 관한 법률
014. 도시가스사업법
015. 실내공기질관리법
016. 지방세법
017. 소득세법
018. 법인세법
019. 도선법
020. 선박안전법
021. 선박법
022. 수산업법
023. 고압가스안전관리법
024. 국민연금법
025. 공동주택관리법
026. 화학물질관리법
027. 어선원 및 어선 재해보상보험법
028. 장기등 이식에 관한 법률
029. 자연재해대책법
030. 공유재산 및 물품 관리법
031. 산업입지 및 개발에 관한 법률
032. 부정경쟁방지 및 영업비밀보호에 관한 법률
033. 금융지주회사법
034. 온실가스 배출권의 할당 및 거래에 관한 법률
035. 건축사법
036. 산림문화휴양에 관한 법률
037. 전기사업법
038. 사립학교법
039. 고등교육법
040. 액화석유가스의 안전관리 및 사업법
041. 선박투자회사법
042. 수산자원관리법
043. 위험물선박운송및저장규칙
044. 선박평형수관리법
045. 주택임대차보호법
046. 상가건물임대차보호법
047. 지방공기업법
048. 승강기안전관리법
049. 수목원·정원의 조성 및 진흥에 관한 법률
050. 민법
051. 치료감호 등에 관한 법률
052. 대부업 등의 등록 및 금융이용자 보호에 관한 법률
053. 사료관리법
054. 무형문화재 보전 및 진흥에 관한 법률
055. 총포·도검·화약류 등의 안전관리에 관한 법률
056. 경찰관직무집행법
057. 시설물의 안전 및 유지관리에 관한 특별법
058. 수산생물질병 관리법
059. 소비자기본법
060. 국제선박등록법
061. 정보통신망 이용촉진 및 정보보호 등에 관한 법률
062. 해운법
063. 농수산물 품질관리법
064. 수산업협동조합법
065. 해외건설촉진법
066. 수상레저안전법
067. 공무원재해보상법
068. 수상에서의 수색·구조 등에 관한 법률
069. 어촌어항법
070. 항만법
071. 항만운송사업법
072. 해양경비법
073. 해양사고의 조사 및 심판에 관한 법률
074. 외국인근로자의 고용 등에 관한 법률
075. 중소기업기본법
076. 자유무역지역의 지정 및 운영에 관한 법률
077. 대기환경보전법
078. 소음진동관리법
079. 폐기물관리법
080. 하수도법
081. 물환경보전법
082. 토양환경보전법
083. 환경정책기본법
084. 산업재해보상보험법
085. 관세법
086. 노동조합 및 노동관계조정법
087. 근로기준법
088. 군인연금법
089. 먹는물관리법
090. 기술보증기금법
091. 관광진흥법
092. 감염병의 예방 및 관리에 관한 법률
093. 사법경찰관리의 직무를 수행할 자와 그 직무범위에 관한 법률
094. 수의사법
095. 가정폭력방지 및 피해자보호 등에 관한 법률
096. 환경영향평가법
097. 체육시설의 설치 · 이용에 관한 법률
098. 장사 등에 관한 법률
099. 상호저축은행법
100. 은행법
101. 보호관찰 등에 관한 법률
102. 형법
103. 자동차관리법
104. 형사소송법
105. 전자금융거래법
106. 마약류 불법거래 방지에 관한 특례법
107. 도로법
108. 주세법
109. 변리사법
110. 하천법
111. 중소기업진흥에 관한 법률
112. 발달장애인 권리보장 및 지원에 관한 법률
113. 주택법
114. 장애인복지법
115. 농어업경영체 육성 및 지원에 관한 법률
116. 공인중개사법
117. 건강기능식품에 관한 법률
118. 예비군법
119. 개발제한구역의 지정 및 관리에 관한 특별조치법
120. 국유재산법
121. 주차장법
122. 환경기술 및 환경산업 지원법
123. 대기관리권역의 대기환경개선에 관한 특별법
124. 악취방지법
125. 미세먼지 저감 및 관리에 관한 특별법
126. 가축분뇨의 관리 및 이용에 관한 법률
127. 물의 재이용 촉진 및 지원에 관한 법률
128. 물관리기본법
129. 물관리기술 발전 및 물산업 진흥에 관한 법률
130. 자원의 절약과 재활용촉진에 관한 법률
131. 전기 · 전자제품 및 자동차의 자원순환에 관한 법률
132. 건설폐기물의 재활용촉진에 관한 법률
133. 수도권매립지관리공사의 설립 및 운영 등에 관한 법률
134. 폐기물의 국가 간 이동 및 그 처리에 관한 법률
135. 폐기물처리시설 설치촉진 및 주변지역지원 등에 관한 법률
136. 자원순환기본법
137. 잔류성오염물질 관리법
138. 환경분쟁 조정법

해광출판사 대한민국 법령 시리즈

139. 화학물질의 등록 및 평가 등에 관한 법률
140. 환경오염시설의 통합관리에 관한 법률
141. 환경오염피해 배상책임 및 구제에 관한 법률
142. 중소기업제품 구매촉진 및 판로지원에 관한 법률
143. 환경개선비용 부담법
144. 환경분야 시험·검사 등에 관한 법률
145. 환경친화적 산업구조로의 전환촉진에 관한 법률
146. 환경친화적 자동차의 개발 및 보급 촉진에 관한 법률
147. 환경범죄 등의 단속 및 가중처벌에 관한 법률
148. 생명윤리 및 안전에 관한 법률
149. 장애인차별금지 및 권리구제 등에 관한 법률
150. 부동산투자회사법
151. 정치자금법
152. 과학기술기본법
153. 대리점거래의 공정화에 관한 법률
154. 상속세 및 증여세법
155. 학원의 설립 · 운영 및 과외교습에 관한 법률
156. 해양심층수의 개발 및 관리에 관한 법률
157. 전기용품 및 생활용품 안전관리법
158. 사회기반시설에 대한 민간투자법
159. 공직선거법
160. 정당법
161. 유류오염손해배상 보장법
162. 부정청탁 및 금품등 수수의 금지에 관한 법률
163. 항로표지법
164. 어장관리법
165. 민방위기본법
166. 공직자윤리법
167. 선거관리위원회법
168. 유선 및 도선 사업법
169. 전기공사업법
170. 사회복지사업법
171. 택지개발촉진법
172. 국가공무원법
173. 민간임대주택에 관한 특별법
174. 어음법·수표법
175. 민사집행법
176. 상법
177. 문화예술진흥법
178. 중소기업협동조합법
179. 농업협동조합법
180. 도로교통법
181. 의료사고 피해구제 및 의료분쟁 조정 등에 관한 법률
182. 산림보호법
183. 소년법
184. 동물보호법
185. 건축물관리법
186. 도시개발법
187. 화물자동차 운수사업법
188. 도시 및 주거환경정비법
189. 의료법
190. 국회법
191. 응급의료에 관한 법률
192. 출입국관리법
193. 노인복지법
194. 산림자원의 조성 및 관리에 관한 법률
195. 청소년 보호법
196. 초 · 중등교육법
197. 혁신도시 조성 및 발전에 관한 특별법
198. 경제자유구역의 지정 및 운영에 관한 특별법
199. 공공기관의 운영에 관한 법률
200. 대한민국헌법
201. 국민기초생활 보장법
202. 저작권법
203. 가사소송법
204. 국가유공자 등 예우 및 지원에 관한 법률
205. 국민체육진흥법
206. 전통주 등의 산업진흥에 관한 법률
207. 재난 및 안전관리 기본법
208. 정보통신공사업법
209. 주식회사 등의 외부감사에 관한 법률
210. 공익사업을 위한 토지 등의 취득 및 보상에 관한 법률
211. 개인정보 보호법
212. 국세기본법
213. 에너지이용 합리화법
214. 감정평가 및 감정평가사에 관한 법률
215. 국가인권위원회법
216. 가맹사업거래의 공정화에 관한 법률
217. 보건의료기본법
218. 산업안전보건법
219. 법무사법
220. 교육공무원법
221. 특허법
222. 민사소송법
223. 아동복지법
224. 전파법
225. 하도급거래 공정화에 관한 법률
226. 기초연금법
227. 사립학교교직원 연금법
228. 직업안정법
229. 장애아동 복지지원법
230. 부동산등기법
231. 자동차손해배상 보장법
232. 철도안전법
233. 항공안전법
234. 전자상거래 등에서의 소비자보호에 관한 법률
235. 독점규제 및 공정거래에 관한 법률
236. 상표법
237. 채무자 회생 및 파산에 관한 법률
238. 공무원연금법
239. 축산법
240. 근로복지기본법
241. 민원 처리에 관한 법률
242. 약사법
243. 방문판매 등에 관한 법률
244. 건축기본법
245. 지방세기본법
246. 지방세징수법
247. 지방자치법
248. 도시교통정비 촉진법
249. 공공주택 특별법
250. 국세징수법
251. 공인노무사법
252. 중대재해 처벌 등에 관한 법률
253. 외무공무원법
254. 소방시설공사업법
255. 검역법
256. 공중위생관리법
257. 할부거래에 관한 법률
258. 인터넷 멀티미디어 방송사업법
259. 전기통신사업법
260. 제품안전기본법
261. 철도사업법
262. 어린이제품 안전 특별법
263. 영유아보육법
264. 원자력안전법
265. 보험업법
266. 경비업법
267. 교통안전법
268. 세무사법
269. 관세사법
270. 공인회계사법
271. 지방공무원법
272. 고용정책 기본법
273. 국가경찰과 자치경찰의 조직 및 운영에 관한 법률
274. 협동조합 기본법
275. 재해구호법
276. 환경보건법

해광출판사 대한민국 법령 시리즈

277. 자살예방 및 생명존중문화 조성을 위한 법률
278. 소방산업의 진흥에 관한 법률
279. 소방기본법
280. 비송사건절차법
281. 자연환경보전법
282. 변호사법
283. 기업구조조정투자회사법
284. 전기통신기본법
285. 에너지법
286. 해양생태계의 보전 및 관리에 관한 법률
287. 사회보장기본법
288. 통신비밀보호법
289. 공증인법
290. 물류시설의 개발 및 운영에 관한 법률
291. 청소년활동 진흥법
292. 형의 집행 및 수용자의 처우에 관한 법률
293. 도시공원 및 녹지 등에 관한 법률
294. 태권도 진흥 및 태권도공원 조성 등에 관한 법률
295. 녹색건축물 조성 지원법
296. 우편법
297. 예금자보호법
298. 건설산업기본법
299. 금융회사의 지배구조에 관한 법률
300. 장애인활동 지원에 관한 법률
301. 언론중재 및 피해구제 등에 관한 법률
302. 국가재정법
303. 농지법
304. 게임산업진흥에 관한 법률
305. 정신건강증진 및 정신질환자 복지서비스 지원에 관한 법률
306. 디자인보호법
307. 의료기사 등에 관한 법률
308. 스마트도시 조성 및 산업진흥 등에 관한 법률
309. 내수면어업법
310. 한국주택금융공사법
311. 의료기기법
312. 유통산업발전법
313. 전통시장 및 상점가 육성을 위한 특별법
314. 여신전문금융업법
315. 해외자원개발 사업법
316. 산업교육진흥 및 산학연협력촉진에 관한 법률
317. 빈집 및 소규모주택 정비에 관한 특례법
318. 기업도시개발 특별법
319. 전력기술관리법
320. 국토기본법
321. 지하수법
322. 식품위생법
323. 광업법
324. 호스피스·완화의료 및 임종과정에 있는 환자의 연명의료결정에 관한 법률
325. 주식·사채 등의 전자등록에 관한 법률
326. 표시·광고의 공정화에 관한 법률
327. 골재채취법
328. 국민건강증진법
329. 새마을금고법
330. 여객자동차 운수사업법
331. 마리나항만의 조성 및 관리 등에 관한 법률
332. 한부모가족지원법
333. 국가를 당사자로 하는 계약에 관한 법률
334. 지방자치단체를 당사자로 하는 계약에 관한 법률
335. 축산물 위생관리법
336. 병역법
337. 음악산업진흥에 관한 법률
338. 국가균형발전 특별법
339. 첨단재생의료 및 첨단바이오의약품 안전 및 지원에 관한 법률
340. 공간정보의 구축 및 관리 등에 관한 법률
341. 공유수면 관리 및 매립에 관한 법률
342. 농수산물 유통 및 가격안정에 관한 법률
343. 아시아문화중심도시 조성에 관한 특별법
344. 신탁법
345. 자연공원법
346. 생활화학제품 및 살생물제의 안전관리에 관한 법률
347. 군인사법
348. 국제조세조정에 관한 법률
349. 낙동강수계 물관리 및 주민지원 등에 관한 법률
350. 주민등록법
351. 집합건물의 소유 및 관리에 관한 법률
352. 집단에너지사업법
353. 산림조합법
354. 반도체집적회로의 배치설계에 관한 법률
355. 자본시장과 금융투자업에 관한 법률
356. 담보부사채신탁법
357. 근로자퇴직급여 보장법
358. 국제과학비즈니스벨트 조성 및 지원에 관한 특별법
359. 수도법
360. 식품 등의 표시·광고에 관한 법률
361. 약관의 규제에 관한 법률
362. 인삼산업법
363. 종자산업법
364. 항공사업법
365. 건설기계관리법
366. 군형법
367. 궤도운송법
368. 기술의 이전 및 사업화 촉진에 관한 법률
369. 농수산물의 원산지 표시 등에 관한 법률
370. 담배사업법
371. 석유 및 석유대체연료 사업법
372. 가축전염병 예방법
373. 농어촌정비법
374. 식물신품종 보호법
375. 항공보안법
376. 중소기업창업 지원법
377. 군사법원법
378. 우주개발 진흥법
379. 해저광물자원 개발법
380. 산림복지 진흥에 관한 법률
381. 지능형 로봇 개발 및 보급 촉진법
382. 헌법재판소법
383. 옥외광고물 등의 관리와 옥외광고산업 진흥에 관한 법률
384. 혈액관리법
385. 국제항해선박 등에 대한 해적행위 피해예방에 관한 법률
386. 유료도로법
387. 독립유공자예우에 관한 법률
388. 신에너지 및 재생에너지 개발·이용·보급 촉진법
389. 신용정보의 이용 및 보호에 관한 법률
390. 출판문화산업 진흥법
391. 공항시설법
392. 국민 평생 직업능력 개발법
393. 아동·청소년의 성보호에 관한 법률
394. 방송법쉬
395. 신용보증기금법
396. 화장품법
397. 청소년 기본법
398. 인터넷주소자원에 관한 법률
399. 양곡관리법
400. 도로명주소법
401. 전자문서 및 전자거래 기본법
402. 산업기술의 유출방지 및 보호에 관한 법률
403. 국가기술자격법
404. 양식산업발전법
405. 산업기술혁신 촉진법
406. 새만금사업 추진 및 지원에 관한 특별법
407. 전자정부법
408. 지역 개발 및 지원에 관한 법률
409. 한국농어촌공사 및 농지관리기금법
410. 계량에 관한 법률
411. 기업활동 규제완화에 관한 특별조치법
412. 군에서의 형의 집행 및 군수용자의 처우에 관한 법률

해광출판사 대한민국 법령 시리즈

413. 규제자유특구 및 지역특화발전특구에 관한 규제특례법
414. 금융위원회의 설치 등에 관한 법률
415. 남녀고용평등과 일·가정 양립 지원에 관한 법률
416. 농어업인 삶의 질 향상 및 농어촌지역 개발촉진에 관한 특별법
417. 댐건설·관리 및 주변지역지원 등에 관한 법률
418. 국가유산수리 등에 관한 법률
419. 법원조직법
420. 보훈보상대상자 지원에 관한 법률
421. 부패방지 및 국민권익위원회의 설치와 운영에 관한 법률
422. 과학기술분야 정부출연연구기관 등의 설립·운영 및 육성에 관한 법률
423. 연구개발특구의 육성에 관한 특별법
424. 친환경농어업 육성 및 유기식품 등의 관리·지원에 관한 법률
425. 연안관리법
426. 영화 및 비디오물의 진흥에 관한 법률
427. 신용협동조합법
428. 방송통신발전 기본법
429. 범죄피해자 보호법
430. 가축 및 축산물 이력관리에 관한 법률
431. 국가표준기본법
432. 국가통합교통체계효율화법
433. 범죄인 인도법
434. 국가과학기술 경쟁력 강화를 위한 이공계지원 특별법
435. 국제경기대회 지원법
436. 금융혁신지원 특별법
437. 수자원의 조사·계획 및 관리에 관한 법률
438. 축산자조금의 조성 및 운용에 관한 법률
439. 소방시설 설치 및 관리에 관한 법률
440. 양성평등기본법
441. 축산계열화사업에 관한 법률
442. 수입식품안전관리 특별법
443. 대외무역법
444. 국가연구개발사업 등의 성과평가 및 성과관리에 관한 법률
445. 무역보험법
446. 기술사법
447. 광산안전법
448. 농약관리법
449. 농업·농촌 및 식품산업 기본법
450. 문화산업진흥 기본법
451. 부담금관리 기본법
452. 야생생물 보호 및 관리에 관한 법률
453. 한국은행법
454. 별정우체국법
455. 원양산업발전법
456. 콘텐츠산업 진흥법
457. 한국수출입은행법
458. 외국인투자 촉진법
459. 물류정책기본법
460. 전자서명법
461. 산업발전법
462. 산업표준화법
463. 소프트웨어 진흥법
464. 토지이용규제 기본법
465. 해수욕장의 이용 및 관리에 관한 법률
466. 정보통신 진흥 및 융합 활성화 등에 관한 특별법
467. 정보통신산업 진흥법
468. 지진·화산재해대책법
469. 소금산업진흥법
470. 위치정보의 보호 및 이용 등에 관한 법률
471. 외국법자문사법
472. 이러닝(전자학습)산업 발전 및 이러닝 활용 촉진에 관한 법률
473. 암관리법
474. 실용신안법
475. 가족관계의 등록 등에 관한 법률
476. 무인도서의 보전 및 관리에 관한 법률
477. 감사원법
478. 정보보호산업의 진흥에 관한 법률
479. 결혼중개업의 관리에 관한 법률
480. 공익신고자 보호법
481. 박물관 및 미술관 진흥법
482. 낚시 관리 및 육성법
483. 동산·채권 등의 담보에 관한 법률
484. 임금채권보장법
485. 국민투표법
486. 농림수산업자 신용보증법
487. 국가채권 관리법
488. 중소기업은행법
489. 식품안전기본법
490. 외국환거래법
491. 발명진흥법
492. 건설기술 진흥법
493. 기후위기 대응을 위한 탄소중립·녹색성장 기본법
494. 인체조직안전 및 관리 등에 관한 법률
495. 엔지니어링산업 진흥법
496. 신문 등의 진흥에 관한 법률
497. 식물방역법
498. 석탄산업법
499. 산업융합 촉진법
500. 비료관리법
501. 임업 및 산촌 진흥촉진에 관한 법률
502. 복권 및 복권기금법
503. 대규모유통업에서의 거래 공정화에 관한 법률
504. 뉴스통신 진흥에 관한 법률
505. 지능정보화 기본법
506. 자격기본법
507. 중소기업 기술혁신 촉진법
508. 국가공간정보 기본법
509. 농어업재해대책법
510. 방송광고판매대행 등에 관한 법률
511. 지식재산 기본법
512. 초고층 및 지하연계 복합건축물 재난관리에 관한 특별법
513. 해양 조사와 해양정보 활용에 관한 법률
514. 공간정보산업 진흥법
515. 공공기관의 정보공개에 관한 법률
516. 행정기본법
517. 해상교통안전법
518. 농어업재해보험법
519. 문화유산의 보존 및 활용에 관한 법률
520. 자연유산의 보존 및 활용에 관한 법률
521. 국토의 계획 및 이용에 관한 법률
522. 건축법
523. 국민건강보험법
524. 계엄법
525. 환경친화적 선박의 개발 및 보급 촉진에 관한 법률
526. 해양폐기물 및 해양오염퇴적물 관리법
527. 연안사고 예방에 관한 법률
528. 전기안전관리법
529. 의약품 등의 안전에 관한 규칙
530. 공공보건의료에 관한 법률
531. 군보건의료에 관한 법률
532. 농어촌 등 보건의료를 위한 특별조치법
533. 보호소년 등의 처우에 관한 법률
534. 국가를 당사자로 하는 소송에 관한 법률
535. 간호법
536. 국립묘지의 설치 및 운영에 관한 법률
537. 주류 면허 등에 관한 법률
538. 부가가치세법
539. 자율운항선박 개발 및 상용화 촉진에 관한 법률

*** 해광출판사의 법령 시리즈는 계속 발행 됩니다.**
**** 각 도서의 개정판은 인쇄일을 기준으로 제작 되었습니다.**